LES PAROLES LA NUIT

Du même auteur

L'Ange d'Avrigue
traduit par Philippe Renard
Verdier, coll. « Terra d'altri », 1990

Vent largue
traduit par Bernard Simeone
Verdier, coll. « Terra d'altri », 1993

Attente sur la mer
traduit par François Maspero
Éd. du Seuil, 1996

FRANCESCO BIAMONTI

LES PAROLES LA NUIT

roman

TRADUIT DE L'ITALIEN
PAR FRANÇOIS MASPERO

OUVRAGE TRADUIT ET PUBLIÉ
AVEC LE CONCOURS DU CENTRE NATIONAL DU LIVRE

ÉDITIONS DU SEUIL
*27, rue Jacob, Paris VIe*

Titre original : *Le parole la notte*
Éditeur original : Giulio Einaudi editore s.p.a., Turin
ISBN original : 88-06-14188-0

ISBN 2-02-035010-6

Première partie

Souvent le soir, pendant son séjour à l'hôpital, il avait pensé au vent qui précède la nuit, après que le jour avec une petite variation de lumière, plus nue ou plus voilée, a annoncé sa fin. Les vagues à l'horizon toujours haut se mettaient à filer, entraînées par le soleil.

– Adieu, les amis, dit-il en rassemblant ses maigres affaires.

Certains se redressèrent pour s'asseoir. D'autres firent tout juste un geste de la main en restant allongés. Il y en avait deux qui ne verraient plus ni la mer ni les collines, sauf en rêve. Leurs yeux ne voyaient plus que la cime d'un eucalyptus, où le soleil entrait de biais.

– Comme ça vous voulez partir ?

– Personne ne peut me l'interdire.

– Mais pourquoi cette hâte ! Ne me dites pas que vous voulez revoir l'endroit où vous vous êtes blessé ? Vous pensez que nous vous avons cru ?

– Je vous remercie.

Il avait raconté qu'il était tombé sur la pointe d'une pioche. Et le médecin, complaisant ou indifférent, avait fait semblant de le croire.

– Vous devez signer, vous devez en prendre la responsabilité.

Il prit le stylo que lui tendait le médecin et signa. Le moment le plus critique, le plus douloureux, était déjà passé. Il avait dit adieu à ceux qui restaient dans le pavillon de chirurgie des os.

Chapitre premier

« Quelle ombre légère ! » Il n'avait jamais réussi à en faire pousser sur le sol calcaire de sa campagne. Ils aimaient le sable apporté par la mer, ils avaient des racines délicates, les branches prenaient les formes de la brise.

Le taxi arriva, il s'arrêta juste entre les troncs des poivriers. Une femme jeune et brune le conduisait.

– Vous me ramenez chez moi ?

– Vous avez une valise ?

– Inutile d'ouvrir le coffre.

Il n'avait qu'un sac, avec dedans un pyjama, un savon, un livre.

– C'est où, chez vous ?

– A Argela. Vous connaissez la route ?

– Je n'y suis allée qu'une fois, mais je m'en souviens.

Après un bout de littoral et un fond de vallée, la route tournait sur des rochers dorés entrecoupés de terrasses.

– Vous êtes resté longtemps à l'hôpital ?

– Quelques jours.

– Vous vous êtes fait mal à une jambe ? J'ai vu que vous boitiez.

– J'ai été blessé. Une balle perdue, dit-il brièvement.

Ils arrivèrent à Argela, quelques maisons alignées au soleil sur une hauteur. L'asphalte s'arrêtait là.

– Vous voulez bien continuer ?

– Sur ce chemin de terre ?

– Je vous assure qu'il est bon. Il y a juste un tournant où

le rocher affleure, mais il est plat. Avec ce soleil, il n'y a pas de givre.

Sa maison et son oliveraie étaient d'un azur qui noircissait dans l'ombre du rocher. Le soleil s'en allait vite.

Il ne resta chez lui que le temps d'ouvrir les fenêtres pour faire partir l'odeur de salpêtre et prendre les cisailles. Il alla au sorbier et se tailla un bâton, puis contourna le rocher par un sentier dans le maquis et revit la mer, qui se répandait à l'horizon vers le soleil et les montagnes de France. A cet endroit la crête était à l'abri de l'air qui descendait des Maritimes ; les roses y fleurissaient encore, roses d'automne dans le vent du large. Au-dessus du sentier, un groupe de maisons restaurées. Au-dessous, un café neuf, avec sa grande terrasse. Il y tombait des feuilles laminées de rayons.

La lumière eut un frémissement et sembla diminuer. Dans le calme de l'air ce n'étaient plus des feuilles de chêne qui descendaient, mais des gouttes de rosée. Le soir était céleste et immobile.

Avant d'entrer dans le café il regarda encore les maisons ; il se les rappelait en ruine. Il regarda le sentier par où descendaient les hommes morts sur la route du temps : il disparaissait presque, comme le cimetière où poussaient des romarins plus hauts que les stèles.

– Bienvenue, Leonardo, dit le « professeur » rencogné dans un angle de la terrasse. Quand le soleil disparaît dans la mer, des rafales se lèvent.

– Je le sais parfaitement.

– Qu'est-ce que vous savez ?

– Ces rafales, cette lumière et combien de temps elle dure. Je venais ici quand j'étais jeune et tout était abandonné.

– Vous êtes partis et nous avons envahi vos maisons.

« On dirait une conversation entre gens qui ne sont déjà plus là », pensa Leonardo.

– Ce n'est pas votre faute, dit-il.

– Comment cela s'est-il passé à l'hôpital, vous êtes guéri ?

– On m'a très bien soigné. Mais comment savez-vous que je suis allé à l'hôpital ?

– Ces choses-là finissent toujours par se savoir.

Mais peut-être le professeur ne savait-il pas les raisons pour lesquelles il y avait été. Ou bien cela ne l'intéressait-il même pas de le savoir, perdu dans cette lumière qui décroissait par saccades.

– Qu'est-ce que nous buvons pour fêter ça ?

– Pour fêter quoi ?

– Votre retour, votre guérison.

– Dans ce cas, c'est à moi de vous inviter.

Le professeur alla à l'intérieur, revint avec la serveuse qui portait un anorak.

– Comment s'appelle cet endroit, je veux dire comment s'appelait-il avant « Case a occidente » ? Il avait un nom ?

– C'était la seule chose qu'il avait. Vairara. Il y avait trop de pierres. Mais de l'autre côté du rocher il y a des terres moins avares même si elles sont moins lumineuses.

– Je n'y suis jamais allé.

– Venez un matin, quand il y a du soleil. Elles sont exposées à l'orient, dit Leonardo.

Il revoyait les oliviers dans le ciel, le scintillement des murs qui faisaient des bosses, les mimosas de novembre, déjà en fleur, des nuages accrochés.

– Les Hollandais viennent souvent, ajouta-t-il.

– Ils font de grandes promenades. Moi je me lève tard, je ne me joins pas à eux. Ma femme se lève tôt, moi je dors. Ils appartiennent à un pays vivant, ils ont confiance dans la vie. Vous ne vous en êtes pas aperçu ? Ici je suis le seul Français.

– Mais la France, elle aussi, est vivante.

– Vous voulez que je vous dise ce que je pense ? En toute sincérité ? De temps en temps quelqu'un prend la France à bout de bras, la montre au monde en faisant croire qu'elle est vivante, mais elle est morte.

Ils regardaient le jour qui s'en allait, dans des regains de lumière. Derrière l'Estérel une flamme diaphane ouvrait dans la cendre une sorte de soir éternel.

« Les clartés du ciel tombent par plaques. Maintenant la nuit descend. » Tout d'un coup dans le ciel étoilé le soir sembla loin. Ils se mirent en route. On sentait l'odeur de lentisque et d'absinthe, et, par rafales, la mer qui délivrait de la mémoire.

– Je voudrais vous présenter ma femme. Si vous voulez me faire plaisir, interrogez-la sur ce pays, demandez-lui si elle l'aime.

Le sentier conduisait à un jardin éclairé : une proue de terrasses soutenues par des murs de pierres sèches. La femme se tenait debout sous les tuiles d'un abri. La chaleur d'un radiateur électrique suspendu tombait sur ses épaules nues.

« La cendre blonde de ses cheveux est de marbre, l'harmonie de son corps presque sévère. »

– Nous regardions une belle soirée, dit le mari après les présentations.

– Oui, vraiment belle, dit-elle.

« Eh bien, pensa Leonardo, elle vient de te donner la réponse que tu cherchais. » Il n'aimait pas poser de questions, sauf à lui-même. Et celles-là étaient innombrables.

– Nous parlions de la France qui est morte. Elle était déjà morte quand tu es née.

– Toujours les mêmes discours. Je ne veux plus les entendre. Entrez donc.

Ils entrèrent dans un salon peint en blanc, avec des poutres noires au plafond. Elle mit une musique assez banale : *Une colombe blanche comme la neige*... en sourdine. Mais elle faisait comme si la musique n'existait pas. Elle était assise, et ses jambes et ses mains étaient immobiles. Elle avait de belles mains, avec des ongles presque d'argent, s'accordant aux cheveux. Sur son visage une retenue impénétrable.

– Pourquoi as-tu mis cette chanson ? demanda le mari.

– Je n'aime pas entendre passer le temps, je voulais dire le vent.

Leonardo comprenait où passait le vent : buissons, rochers, ronces, arbres. Il ne le liait pas au temps, mais à l'espace. Le disque fini, la beauté de la femme ne fut plus que silencieuse et immobile. Il en émanait des clartés, comme auparavant du ciel. Il y avait une belle différence entre ici et l'hôpital. Il réfléchit : peut-être que non. La vraie différence, elle était entre les oliviers et l'hôpital : l'antique force et la fragilité. Il les avait presque haïs chaque fois qu'il avait perdu un être cher. Puis il avait fini par se laisser consoler par eux.

– Je ne comprends pas bien ce qui se passe dans le monde, mais il y a quelque chose qui ne va pas.

– Si vous m'emmeniez dehors, n'importe où, cela me ferait plaisir... au lieu de rester ici à nous regarder en chiens de faïence.

– Ce soir, je ne peux pas. Mais une autre fois, bien volontiers.

Ils étaient deux hommes d'un certain âge avec une femme plus jeune, qui les paralysait.

– Qu'avez-vous à faire, Leonardo ?

– Rien de précis. Mais un autre soir je serai vraiment heureux de sortir, même jusqu'à l'aube.

Ils finirent par parler des nouveaux habitants de ce vieux pays.

Ils étaient venus par vagues. D'abord les Hollandais, parmi lesquels un architecte qui avait commencé à acheter et à restaurer. Puis les Anglais et les Danois, quelques Allemands. Il y avait aussi une exilée d'Istrie. Dernièrement, un couple d'Arabes. Il habitait un petit logement.

– C'est étrange que vous soyez les seuls Français.

– Il en était venu d'autres, mais ils sont repartis. Des endroits comme celui-ci, on en trouve aussi des quantités en France. Moi, ce que j'aime est particulier : le bleu des montagnes, et le mouvement tournant que fait la mer, là-bas, devant le cap d'Antibes. Vous pensez peut-être que j'ai fui mon pays...

– Je ne pense rien, je ne pense rien de personne. Je dis la vérité : je voudrais que les autres Français, ceux qui sont partis, soient restés. Ceux qui sont venus le 25 avril 1945 étaient sympathiques, eux aussi. Nous étions accablés. Ils nous ont remonté le moral. C'étaient des soldats différents de ceux que nous avions connus avant. J'ai bien souvent repensé à eux.

– On dirait que vous êtes en veine de souvenirs, ce soir.

– Ça doit être l'hôpital.

– Restez et racontez-nous.

– Un autre soir, peut-être. L'hiver est long.

– Il ressemble presque toujours au printemps : la mer devient veloutée.

– J'ai vu des hivers rudes. Sur ce, je m'en vais. A bientôt. J'aimerais vous voir chez moi, vous faire visiter ma campagne. Elle a été importante, aujourd'hui elle n'est presque plus rien.

Ils l'accompagnèrent jusqu'à la dernière maison. Un manteau jeté sur les épaules, elle marchait absorbée et, en revenant, elle dit à son mari :

– Que lui est-il arrivé ? On lui a vraiment tiré dessus, ou a-t-il seulement fait une mauvaise chute ?

Ils croyaient qu'il ne les entendait pas, mais l'air portait leurs paroles. Leonardo se retourna pour les regarder : ils s'en allaient parmi les pins obliques contre la mer laminée. Puis il reprit son sentier, dont les cailloux brillaient sous la lune. Au nord, la montagne arrondie, courbée comme une échine éreintée, émettait des éclairs gris. Il marchait parmi des choses qu'il connaissait par cœur, des choses encore florissantes dans les années de l'après-guerre et vite disparues. L'air bruissait sur le lierre agrippé aux oliviers et sur les rejetons des derniers rosiers.

Sa maison, touchée par la lune, semblait accueillante. Mais il n'avait pas envie d'entrer. Dans le ciel, coupé par le rocher, des chemins s'ouvraient : ils étaient traversés de lueurs vitreuses qui fuyaient, comme traquées, en forme de feuillage.

Il entra et sortit un fusil d'une cheminée condamnée. C'était un fusil à chiens intérieurs ; il en éprouva les détentes : elles fonctionnaient bien. Il chercha les cartouches, choisit les renforcées, de vieilles Valsrode. Leur poudre ne se détériorait pas, qu'il fasse humide ou sec.

Chapitre deuxième

Leonardo passa une nuit inquiète et alla le lendemain chez Midio. Celui-ci habitait au-dessus d'Argela à une demi-heure de chemin. On y arrivait de Beragna en suivant un sentier qui contournait le village, puis un chemin muletier en lacets. A chaque tournant une perspective de mer et de montagne. A mesure que l'on montait, la terre se faisait plus légère, presque cendreuse, entre des roches plus claires.

Il s'arrêta pour écouter : une grive chantait sur un olivier, voix d'orgue qui évoquait de grandes forêts lointaines. « Qu'es-tu venue faire ici, d'Asie centrale ou de Scandinavie ? Partout on t'attend pour te tirer dessus. » La grive s'envola en lançant un appel, disparut dans une falaise. « Tu chantes bien, un chant de paix, mais tu es pleine de peur. » Elle reprenait sa flûte, mais à l'abri du maquis.

Plus haut, Midio apparut derrière un roc, la main fermée, toute terreuse, et lui tendit le poignet. Sa bêche était dans le sillon, le manche sur les mottes.

– Tu gaspilles ton travail, mon cher Midio, l'hiver arrive, il va pleuvoir et la terre, même si elle légère, se retassera.

– Quand j'y repasserai, en mai, elle sera bonne.

– Je suis venu te demander un conseil, peut-être me confier à toi.

– Un conseil, à moi ? Que veux-tu que je sache ? J'ai toujours le nez dans la terre. Veux-tu que nous montions chez moi ?

– Je vais tout te dire en deux mots. On m'a tiré dessus, dit Leonardo.

Et il toucha sa jambe de son bâton.

– Qui donc ?

– C'est ce que je voudrais savoir.

Et il ajouta que, la nuit, il s'était perdu dans une foule d'hypothèses.

– C'est arrivé quand ?

– Il y a dix jours, au crépuscule, je rentrais, je n'ai vu personne. On a dû me viser avec un fusil à lunette.

Midio lui demanda s'il avait des conflits de limites, s'il avait barré le passage d'un chemin, ou s'il avait été témoin d'un vol, s'il avait offensé quelqu'un, ou si quelqu'un le haïssait depuis toujours. Leonardo dit que, pour le chemin, il avait laissé le passage libre là où ça faisait le moins de dégâts possible, c'est-à-dire sur la limite.

– C'est juste. Qui se laisse gâcher une campagne ?

– Quant aux limites, j'ai toujours permis de les réajuster à celui qui piochait et refaisait les murs. J'ai perdu une demi-terrasse.

– C'est trop. Mais si c'est comme ça, il faut chercher dans une autre direction. Moi je ne sais que les choses de la terre. Trouve quelqu'un au village, un qui connaisse mieux la vie.

– Je pensais à Arnaldo.

– Tu peux essayer, mais tu auras du mal à avoir une réponse, la terre ne parle pas. Nous l'avons enterré avant-hier. Il est tombé d'un mur, une mauvaise chute.

Leonardo enleva son béret.

– Je ne savais pas.

Le soleil frappait de biais les mottes qui semblaient se couvrir de poussière. Des sarments de vigne, des branches d'amandier rayaient l'azur d'un noir vif. Des rafales de mémoire lui revenaient : « Seigneur du temps, seigneur des siècles, accorde ton pardon et prends pitié. »

– Le temps a fait son œuvre, dit-il.

Il retourna chez lui : un refuge. Mais l'après-midi passait lentement et l'inquiétude le reprit. Des coups de lumière effleuraient les mimosas, heurtaient les oliviers. « D'ici peu l'ombre descendra sur vous. » Il ne resta pas à l'attendre, il alla de nouveau à Case a occidente. Le café était encore vide. Il y avait seulement une petite fille qui jouait pieds nus sur la terrasse. D'après son accent, elle était flamande. « Que poursuit-elle en courant ainsi ? » Une petite fille de son village lui revint à l'esprit, belle sous ses loques, quand lui-même était enfant, aux temps passés. La mère lui rapportait de temps en temps un cadeau de Marseille. Puis elle était morte et la fille avait grandi, de plus en plus pauvre, avec des seins radieux. « Quels yeux avais-tu ? » Mais il fut distrait par le coucher du soleil qui s'imprimait en vagues lointaines.

Petit à petit le couchant acquérait du relief, s'élevait et prenait possession de la mer avec ses éclats d'or. Le professeur et sa femme entrèrent sur la terrasse. Leonardo se leva pour les saluer, s'appuya sur son bâton.

– Ce matin nous sommes venus sur votre campagne, mais vous n'y étiez pas, ou alors nous nous sommes trompés.

– Fatalité, j'étais monté sur le sommet de la colline.

– Nous avons fait une promenade, nous avons vu vos mimosas. Quels troncs, vos oliviers, ils doivent être très vieux !

– Ils font encore bonne figure, mais ils sont à la neuvième heure.

– Que voulez-vous dire ?

– Qu'ils ont été abandonnés.

– C'est toute une partie du monde qui est à cette heure-là.

– A quel siècle remontent-ils ? demanda le professeur.

– Les plus jeunes au dix-septième, les plus vieux au quatorzième, ce sont les bénédictins qui les ont fait planter, de gré ou de force.

Deux nuages montaient par le rocher, détachés de la mer. Ils teintaient de rose les ailes des faucons.

– Hier nous parlions de la France. Vous savez que le président est mourant ?

– Je sais et j'en suis désolé.

– Il est rongé par la maladie, il erre comme une ombre parmi les ombres. Il meurt avec le millénaire. Vous pensez qu'il aimait la France ?

– Comment puis-je le savoir ? Il me fait penser à un vieux chêne avec la *souplesse* d'un saule.

– En un certain sens il nous représente bien. Je crois qu'au fond l'humanité est devenue nihiliste, mais lui il survole, il fait semblant de ne pas s'en apercevoir.

– Peut-être ne s'en est-il pas aperçu, cramponné comme il l'est à son rôle. Il donne de lui une belle image, comme s'il pouvait compter sur un très long destin.

– En même temps il traite avec la mort, il voudrait savoir quelles sont les forces qui sont derrière la tombe, derrière la dalle de pierre.

– Vous pensez qu'on peut traiter avec la mort ?

– Pour quelqu'un comme lui c'est naturel. Il a pactisé toute sa vie, dit le professeur.

Et il sortit ses cigarettes, en donna une à sa femme et la lui alluma. La flamme du briquet se confondit avec les couleurs faiblissantes. Il en offrit également à Leonardo.

– Ce soir, je me sens bien ici, dit la femme, même si les questions que vous posez sont celles de gens qui n'ont plus rien à faire. Pourtant je me sens bien, je ne sais pas pourquoi.

– Peut-être parce que tu sais que demain on sortira toute la nuit.

– Je ne crois pas que ce soit pour ça. Je ne me préoccupe pas de ce qu'on fera demain. Et vous, qu'est-ce qui vous préoccupe ? demanda-t-elle en se tournant vers Leonardo.

– Je préfère ne pas y penser. Moi aussi, ce soir, je me sens bien. Tout à l'heure, au contraire, j'avais peur. Une journée qui n'en finissait pas.

Le professeur semblait n'accorder aucune importance à

ce qu'ils disaient. Il demanda à Leonardo de raconter ce qui s'était passé à l'arrivée des Français.

– C'étaient des troupes bizarres. Mais je ne crois pas que ce soit le moment d'en parler, ce soir. Interrogez-moi dans quelques jours, le temps que je mette un peu d'ordre dans mes souvenirs. Je partirai de cloches qui sonnaient. Un son aussi joyeux, je n'en ai jamais plus entendu. Joyeux n'est pas le mot juste. On aurait cru que c'était le ciel qui sonnait.

Sur le chemin du retour, il rencontra un homme qui avait plus haut un champ de soucis.

– La nuit tombe vite, dit-il.

– Oui, oui, répondit l'autre, courbé sous son panier, il faudrait que la journée soit plus longue. La terre crie vengeance.

Il reprit sa marche. La pluie n'était pas tombée depuis longtemps et ses pieds soulevaient de la poussière. Ce peu de rosée ne suffisait pas à donner de l'humidité, on la respirait et c'était tout. Les blaireaux passaient, créatures fraternelles et invisibles, il entendait leurs griffes sur la terre et les pierres, créatures effrayées. On voyait des vagues de collines, avec des lumières éparses de villages, entre des taches noires et le ciel clair. On voyait le village dont les ruelles s'appelaient encore « attrape-guelfes », souvenir de l'époque médiévale – les vieux y mouraient de pneumonie à cause des courants d'air –, et plus éteint, plus lointain, le village dont tous les hommes étaient chantres. Au moins cinq confréries chantaient le Miserere.

D'un coup l'air changea, il venait des montagnes. Leonardo était arrivé à sa campagne derrière le rocher. Les mimosas dégageaient un peu de lumière presque marine. L'envie lui vint de parler aux oliviers qui les protégeaient.

– Votre âme coriace n'est pas la pire des âmes.

Il entra chez lui et prit en mains le fusil : une arme à double canon de la Manufacture de Saint-Étienne qui sentait bon l'huile et la poudre brûlée ; puis il le reposa. Il espérait ne pas avoir à s'en servir. Il ne tirait même plus les sangliers. Il ouvrit la fenêtre, une branche nue passait horizontalement, gravée par les étoiles : « Je ne vais quand même pas me mettre à parler à la nuit. » Il revoyait les chiens qu'il avait possédés, un breton, un berger de la Maremme, leur affection sans contrepartie.

Le lendemain, par le chemin de terre d'Argela, arrivèrent le professeur et sa femme. C'était le début de l'après-midi et il se dépêcha de leur faire visiter sa campagne tant qu'il y avait le soleil, qui commençait déjà à jouer avec le rocher. Il leur montra les oliviers, les mimosas, la vigne, le néflier, l'arbousier du ravin, l'amandier, l'arbre à anémones.

– Il fleurit en janvier.

Véronique, dont l'air rendait les yeux plus clairs, regardait autour d'elle.

– C'est très beau. Dommage que ce rocher ferme la vue.

– Mais il faut voir, certains soirs : un ciel monte qui reflète la mer, la nuit n'arrive pas à l'éteindre.

Il hésitait à les faire entrer dans sa maison : elle était vieille et en désordre, elle avait besoin de travaux, de restaurations.

– Et la nuit ? demanda-t-elle. Comment est la nuit, ici ?

– Calme. De temps en temps il y en a qui se trompent de crête et cherchent la frontière. Ils allument des petits feux pour se réchauffer.

Il les mena voir deux roses anciennes sur l'extrémité de terrasses trop étroites pour être remises en culture. Elles étaient à côté des marches d'un muret, délicates et quasi orphelines, d'un blanc un peu bruni.

– Je descends vous les cueillir.

– Non, laissez-les où elles sont.

Ils remontèrent à travers les mimosas, qui brillaient çà et là. Les oliviers perdaient de leur intensité. Il y avait un azur âcre sur les rocs à la place du soleil.

– Qui se perd par ici la nuit ? demanda le professeur.

– Il s'en est perdu beaucoup. Pour l'heure ce sont des Kurdes.

– Ce sont peut-être eux qui vous ont blessé ?

– Je ne veux même pas l'envisager.

Il les accompagna jusqu'à Argela, où ils avaient laissé leur voiture.

Derrière les maisons et l'église paroissiale, les hauteurs sculptaient le soir. Des corbeaux les survolaient, ils pénétraient dans l'azur pour aller dormir dans les anfractuosités de la montagne.

La porte de l'église était close.

– On peut y voir un peintre. Les temps ont changé, autrefois elle était toujours ouverte.

– C'est peut-être Brea ?

– On a dû se contenter d'un quasi-inconnu, un peintre de Celle.

– C'est un bon peintre ?

– Je ne saurais vous dire, je ne me souviens pas bien. Pour moi il a une vérité, sa vérité.

Ils parcoururent la longue ruelle où se succédaient lesstatuettes de saints et où deux femmes, assises sur de hautes marches, rassemblaient dans un panier leurs nécessaires à couture. Après la ruelle et une brève montée ils entrèrent dans l'auberge.

Pendant qu'ils dînaient le temps changea. On entendait quelques coups de tonnerre lointains.

– C'est une chance que nous ne soyons pas venus à pied comme l'autre jour.

– Je vous aurais ramenés chez vous. De toute manière il ne pleuvra pas. Le ciel n'était pas à la pluie.

De l'autre côté de la fenêtre, les branches dépouillées d'un cerisier dans un jour couleur gentiane qui noircissait lentement. Le professeur demanda s'il avait toujours vécu à Argela. Leonardo dit qu'il avait perdu trois ans en Algérie, au pied du Grand Atlas, côté désert.

A l'autre bout de la salle, les joueurs de cartes se couvraient régulièrement d'insultes. Certains, entre deux parties, regardaient Véronique, fascinés.

– Vous étiez là-bas pendant la guerre ?

– Un peu après. Les Français étaient partis. Seuls quelques désespérés comme moi avaient repris le travail. Ces années-là les oliviers ne donnaient plus rien.

– Est-ce vrai que le désert est une excellente école ? En France beaucoup le regrettent.

– A part quelques heures d'exaltation, on n'y vit pas impunément sans foi.

– Et ailleurs ? Elle ne vous semble pas nécessaire ?

– Ici, il y a une autre lumière. Tout ce qu'on regarde dans le désert, hommes ou choses, est voué à la mort, dit Leonardo. – Puis il ajouta : – Et il faut savoir qu'on ne résiste pas au désert.

Quand ils sortirent le ciel était étoilé. Il touchait le campanile et les toits les plus hauts. Véronique marchait perdue dans ses pensées, ses chevilles étaient fines.

– C'est doux et intime, dit-elle après être restée un long temps silencieuse.

Elle était bien visible. Sur son visage encadré par les cheveux passaient des ondes bleutées.

Ils franchirent un vieux pont. La lune, posée sur une roche, éclairait la grève du torrent. Au-delà du torrent il y avait des maisons de pierre couleur de terre et des oliviers penchés.

– Ils sont bizarrement taillés.

– En saules pleureurs. La sève arrive à l'extrémité en descendant et force la floraison.

– Donc ce n'est pas un caprice ?

– Ce n'est pas un caprice.

– Mais c'est très beau.

– Pour moi c'est nostalgique, dit Leonardo. Je ne saurais dire pourquoi, mais c'est nostalgique.

Pour lui la beauté évoquait toujours un sentiment de privation. Elle lui donnait envie de blasphémer. Elle évoquait un ailleurs.

Ils arrivèrent sur la petite place où était garée la voiture.

– Disons-nous au revoir ici, dit Véronique, parmi ces maisons embellies par le temps.

Elle ouvrit la portière et montra ses jambes ; puis, assise, elle remit de l'ordre dans ses cheveux.

– Merci pour cette belle après-midi et cette belle soirée, dit-elle encore. Venez vite nous voir.

– Nous vous attendons, dit le professeur.

Mais il semblait distrait par quelque préoccupation.

La matinée avait été belle, d'un azur profond, apothéose de novembre. On avait vu le Saccarello émerger derrière une colline sur un fond de nuages légers. Maintenant, en revanche, la nuit était un peu brumeuse.

Il retournait à son refuge, dans ses oliviers. Au tournant de la Croix, là où la route bifurquait, il rencontra un habitant d'Argela. C'était le petit-fils du cordonnier de jadis. Il lui en avait fait, des chaussures, dans la boutique derrière le campanile !

– D'où viens-tu à cette heure, Giobattista ? Tu as travaillé à la lune ?

Autrefois ils défrichaient aussi à cette faible lumière. Le jour chez les autres et la nuit sur leur bien.

– Je suis allé voir un peu. On m'a dit qu'il y avait du mouvement. Mais je n'ai rien trouvé chez moi. Je crois que c'est chez toi. Il y a même un feu. J'aurais dû descendre pour vérifier. Mais tu sais, par ces temps, seul... Si tu veux, je t'accompagne.

– Ce n'est pas nécessaire. S'ils ont allumé un feu, c'est que ce ne sont pas des gens qui se cachent. Il n'y a pas de quoi s'inquiéter.

– Il y a toujours de quoi s'inquiéter... Il suffit d'un fou...

– Un fou, ça fuit. Je crois savoir de qui il s'agit.

– Des Noirs, des Arabes ou des Kurdes. Je pense que ce sont des Kurdes. Ce sont eux qui passent, en ce moment.

– C'est l'heure des Kurdes.

– Tu as un bâton qui brille.

– C'est du sorbier. Je l'ai écorcé.

– Avec le temps, il deviendra rose. C'est un luxe. Vraiment, tu ne veux pas que je vienne ?

– Inutile. Si je peux entrer chez moi, j'y serai en sûreté.

Le feu brûlait lentement, bien entretenu, dans l'oliveraie. Autour, des hommes accroupis et des femmes enveloppées de couvertures et de châles. Et des ombres tremblotantes dans leur dos.

L'un des hommes leva la main en montrant sa paume nue.

– *Bonsoir*, dit-il en français.

– *Bonsoir*, dit Leonardo. – Et il posa son bâton contre un muret. En voyant cette main désarmée, l'autre eut un sourire. Léger. Mais toute la mélancolie du monde y tremblait. – Si vous cherchez la frontière, elle est plus loin, dans l'autre vallée.

– Nous ne pouvons pas rester ? Nous sommes fatigués.

– Autant que vous voulez. Les oliviers sont faits pour protéger.

– Les oliviers ne sont pas Dieu, dit l'autre.

– Ils ne sont pas Dieu, d'accord, mais ici c'est ce qu'il y a de mieux.

Il leur souhaita bonne nuit et alla chez lui.

Il n'avait pas peur. Il connaissait ceux qui fuyaient leur terre et erraient entre la France et l'Italie. Et ces individus sombres, ces femmes au fin visage n'étaient ni des voleurs ni des assassins. Il pensa au raisin d'hiver, encore attaché à la vigne, becqueté par les passereaux, sur la corniche d'une terrasse, vers le ruisseau. Au matin, il leur en donnerait.

Mais au matin ils avaient disparu. Les sentiers étaient déserts. Et la brise, qui soulevait la cendre, semblait fouiller dans la tristesse des hommes. « Bon voyage ! » dit-il à voix basse. Et il reprit son bâton qui était resté contre le mur et se dorait au soleil comme les pierres.

Le soleil, l'azur diffus et suspendu, les troncs silencieux... A l'esprit lui revenaient les cordonniers, les chaussures cloutées. Et d'autres se pressaient autour : le sonneur de cloches, les muletiers, l'organiste.

Il alla travailler dans la vigne. Un air rongé de soleil la dépouillait de ses feuilles. Des fils de fer étaient détendus, des piquets étaient penchés. Pendant qu'il travaillait, Giobattista arriva.

– Tu tailles déjà ?

– Pour tailler j'attends Noël.

Il était préférable de laisser les plants s'habituer au froid avant la taille.

– Je suis inquiet ce matin, dit Giobattista.

Il avait vu du sang, au-dessus du bois, et un châle sur les feuilles et l'herbe.

– Les femmes des Kurdes portaient des châles, ici, cette nuit.

– Tu as entendu tirer ?

Leonardo fit non de la tête.

– On a pu la blesser avec un couteau.

– Ou avec une arme munie d'un silencieux.

– Il faut rester vigilants. Le temps est dur.

– C'est notre temps. Il ressemble à l'enfer.

Ils marchaient vers sa maison. Sous les oliviers, par terre, les premières colchiques avaient pointé.

– Gardons notre sang-froid. Il a dû se passer quelque chose, dit Leonardo. J'ai oublié de prévenir les Kurdes des dangers sur la frontière.

– Les gardes ?

– Non, pas les gardes. Il y a des Arabes qui les attendent au passage.

– Où ?

– Au col du Cardellino et au pas de la Mort ; et la police dort. Personne n'intervient.

Il y avait des frémissements. Une sorte de voilier aérien, argenté, passait entre les cimes des arbres.

– A ta place j'irais dormir au village, dit Giobattista avant de partir.
– La nuit, chez moi, je n'ai peur de rien. Peut venir qui veut.
– Bon courage, alors !
– Tu vas reprendre le travail ?
– J'ai des artichauts superbes. S'il ne gèle pas, ils seront bons à couper pour Noël.

Chapitre troisième

Il revint à Vairara. Ce pays, qui avait disparu puis ressuscité, il y pensait toujours en employant l'ancien nom et pas celui de « Case a occidente ». Les nouveaux noms ne lui plaisaient pas. Vairara, village de pierraille et de maquis, avec, tout en bas, la mer tantôt sereine, tantôt violente. Ce soir, la mer avait un comportement inhabituel. A cause du soleil qui y plongeait, elle s'élevait puis s'écroulait dans une paix tourmentée. Et les collines aussi, à cette heure, semblaient rêver. Un peu de vent tournait sur les murets et brillait, quelques pierres étaient bleues.

En haut du sentier, Véronique, s'appuyant d'une main à l'un de ces murs, se découpait sur le ciel, dans le crépuscule qui la rendait lointaine. Ce fut elle qui l'appela, lui ne l'aurait pas dérangée.

– Vous avez vu cette mer ? demanda-t-elle.

– Quand elle est ainsi, dans mon pays on dit qu'elle prie.

A l'horizon il y avait un nuage d'ivoire.

Elle le fit entrer chez elle. La maison était tout en haut, après les petits escaliers. D'habitude quand il entrait chez quelqu'un, à moins que ce ne fût dans une vieille habitation paysanne, il s'abstenait de regarder, mais elle le fit passer dans une véranda avec des cactus et des plantes méditerranéennes dans des pots accrochés et des jardinières.

– Mais c'est une vraie serre.

– Vous n'avez jamais fait de cultures en serre ?

– Seulement en plein air.

– Ce pot vous plaît ?

Des fleurs d'un bleu intense. La couleur irradiait même les ombres. Elles le fascinaient tant qu'il oublia de répondre.

Elle dit que son mari était allé à une réunion, à un dîner suivi d'une réunion. Il se borna à demander s'il était allé loin.

– Non. Dans une villa sur la côte. Vous n'allez jamais à des réunions ? Vous n'appartenez à aucun groupe, aucune association ?

– Sectes et partis, pour moi c'est terminé.

– Mon mari ne sait pas vivre isolé.

– Il n'est pas un homme de la campagne... Il a besoin de discuter, d'amitiés.

– Vous n'avez besoin de rien, vous ?

– Pour le moment, non. Pour l'avenir j'ai une vague idée, moi aussi.

– Vous ne voulez pas m'en parler ?

– C'est une idée qui ne sert à rien tant que je suis en vie.

– Vous ne m'éclairez guère, dit-elle.

Et elle plongea la main dans le bleu des fleurs. Blonde et svelte, les seins gracieux, elle semblait encore une adolescente.

– J'ai peur de me couvrir de ridicule. Cela fait des années que je songe à me faire enterrer recouvert du drapeau de la « Libre Pensée ».

– Cela n'a rien de ridicule. Presque tous nos amis ont prévu de se faire incinérer. Mais il y en a un qui a la même idée que vous. Je peux lui en parler. Je l'inviterai ici un soir.

– Je vous remercie. Mais pour le moment, non. Pour le moment ce n'est qu'un vague rêve pour ne pas mourir en sauvage.

De cette sorte de serre ils passèrent dans une pièce toute blanche. Elle était presque monastique et lui plaisait.

– Attendez-moi ici. Je vais aller préparer quelque chose. Si vous voulez lire, il y a des livres.

– Ne vaudrait-il pas mieux que je rentre ? Cette nuit, la lune se lève très tard. Et avec cette jambe un peu handicapée... Et puis je n'aime pas l'idée de vous faire travailler.

– Alors faisons une chose : je prends la voiture et nous allons dîner dehors.

Ils descendirent dans une camionnette jusque sur l'autoroute, la via Aurelia.

– Maintenant choisissez où nous allons.

– Ville ou village ?

– Je préfère un petit village.

Ils remontèrent. Murets et troncs d'oliviers au premier plan, étoiles immobiles comme des pierres. Le village était posé sur une crête. Ils laissèrent la camionnette devant une église qui faisait face à la mer et s'adossait à un pan de montagne.

– Quel silence ! dit-elle.

– La Ligurie est belle quand elle est silencieuse.

– Vous préférez l'hiver ?

– De très loin. Les couleurs sont autres.

« Et dans le ciel, des agonies lumineuses », pensa-t-il.

Ils dînèrent dans un restaurant caché au milieu des chênes verts. Il devait se modérer : elle mangeait lentement ; elle n'était pas marquée par des souvenirs de faim. Il regardait les branches qui effleuraient les vitres.

– Vous avez un beau nom : Leonardo.

– Un peu solennel.

– Il ne vous plaît pas ? Le mien aussi est long. Celui de mon mari est court : Alain.

– Je croyais que c'était un nom de famille. Il n'y avait pas un philosophe qui s'appelait ainsi ?

– Qu'avez-vous fait comme études ?

– Aucune, dit-il.

Et il eut un sourire gêné.

– Vous avez eu une enfance heureuse ?

– Toujours à courir les campagnes, des terres blanches aux terres dorées, des genêts aux lentisques.

– Je vous ai demandé si vous étiez content. Vous ne voulez pas me le dire.

– Certains soirs sur les crêtes je marchais dans le violet, un pas me séparait d'une autre vie. A la maison il n'y avait rien. L'eau, il fallait aller la chercher au puits.

Quand ils sortirent, il y avait la même brise que celle qui, quelques jours plus tôt, remuait les cendres du feu des Kurdes. Les arbres bruissaient. Au nord il faisait clair, au sud nuageux.

– Et maintenant où allons-nous ?

– Nous pouvons aller nous promener au bord de la mer, à cette heure il n'y a plus personne.

La nuit bougeait sur le sentier maritime. Le beau temps gagnait du terrain. Au nord, très haut dans le ciel, s'ouvraient des crevasses.

– La brise est en train de l'emporter sur le vent de mer.

– Si vous êtes fatiguée, nous pouvons rentrer.

– J'aimerais voir la lumière avant de rentrer. Mais ici il fait un peu froid.

Ils cherchèrent un bar. Partout ce n'était que bruit et chahut, percussions, voitures, vélomoteurs.

– Mieux vaut fuir cette côte assassinée, on ne peut plus y rester. Je connais un endroit abrité.

Ils se dirigèrent vers la frontière. Cette terre verticale, à pic sur la mer, était un peu préservée.

– Quelle heure est-il ?

– Deux heures moins le quart.

– On entend marcher, là-haut.

– Ce sont des gens qui vont au pas de la Mort.

– Il est vraiment dangereux ?

– On exagère. Dans le temps il était fermé par une grille qui obligeait à se suspendre dans le vide, aujourd'hui on l'a enlevée. Et plus haut, on passe facilement.

En parlant de ces lieux, il pensait à « Banana » qui y était mort, mais il répugnait à en parler. C'était désormais une ombre parmi les ombres.

Des falaises montait une odeur de lentisques, d'immortelles, la mer, encore sans lune, n'était qu'un souffle. Pas même une clochette de palangres, sur l'eau : de ces sons qui accentuent le silence.

Après la visite à la mer, ils revinrent sur la hauteur, dans les parages d'Argela. Il y avait encore un peu de forêt. Le sol était doux sous les pas. Et, à l'improviste, un tressaillement à l'horizon.

Des azurs tout juste annoncés sur la mer d'un blanc délicat. La terre inconsistante, poreuse, les oliviers comme dans un frisson de vent, rose et cendre sur l'écorce. Un éperon lointain décapité par un or friable.

– Le jour vient.

Véronique se blottit au pied d'un tronc ardent.

– C'est une nuit manquée, dit-elle.

– Pourquoi manquée ?

– J'attendais plus de cette nuit.

– Le monde est ce qu'il est. Nous sommes allés un peu au hasard.

– J'attendais l'heure des confidences, dit-elle.

Ses yeux étaient d'un bleu dense, mêlé de reflets de l'aube. C'étaient des yeux qui vous donnaient l'impression d'être en faute.

– Nous sommes arrivés fatigués à l'heure du réveil, nous avons perdu du temps.

– Nous prendrons un autre rendez-vous.

Et elle tendit le bras pour qu'il l'aide à se relever.

Là où il marchait les empreintes du temps étaient évidentes : un escarpement, une ruine, un tronçon de tour dans une tache de genévriers.

L'air limpide portait les voix.

– Il s'est senti mal et une heure après il est mort. Il est bien parti.

– Il avait l'âge.

Les corbeaux volaient haut, vers les rochers. « Va doucement, Leonardo, se dit-il, va doucement et écoute, tu peux toujours apprendre quelque chose. » Maintenant les voix se faisaient plus nettes. Elles parlaient du soir qui saignait et annonçait le vent. En passant dans les romarins en fleur il entendit qu'on l'appelait. Bernardo et Bartolomeo étaient adossés à un muret de la vigne dénudée. Il y avait encore un peu de soleil.

– C'est l'heure de rentrer.

– Attends-nous, le temps de rassembler les outils.

Ils descendirent par un sentier, contre un ciel qui hésitait entre l'azur et le violet. Ils portaient une bâche sur l'épaule, une faucille à la ceinture.

– Allongeons le pas, dans une heure il fera nuit.

– On n'a plus nos jambes d'autrefois.

– Et la mienne, donc... dit Leonardo.

Et il montra son bâton.

– Que t'est-il arrivé ?

– Un accident.

– A notre âge il faut faire attention.

– Regarder où on pose les pieds.

A travers les pins le chemin était plat. Sur un piton apparut la madone des Amandiers et, passé la chapelle, Argela encore doré sur une crête.

– Il est à une portée de fusil. Mais pour descendre...

Le chemin muletier était tout en lacets et dépavé. Les marches étaient hautes.

– C'est comme une danse.

– Je n'ai plus envie de danser.

Un moment le village sembla flotter sur la mer.

– Mais vous êtes dans un bel endroit.

Il y avait deux mazets, agrémentés de deux oliviers. Sur l'un on déchiffrait : *Parva sed apta mihi*. Il avait été la demeure de l'instituteur.

– Tu le trouves beau ?

– Il y a la vue et il doit y faire chaud.

– En juillet on crève de chaleur.

– Je veux dire en hiver.

– Toute la vie battus par le vent. Toi, oui, tu es dans un bel endroit, presque un plateau.

– C'est un endroit à escargots, dit Leonardo. – Il leur rendait la pareille. – Et quand tombe le courant d'air d'un glacier, c'est là qu'il finit.

– Oui, tu as beaucoup d'ombre. Mais aussi beaucoup de passage : des Kurdes, des Noirs, des belles femmes. Est-ce vrai que tu leur donnes à manger, que tu as la tête pleine d'idées folles ?

– Un peu de solidarité, mais avec prudence. Je laisse vivre.

– Tu es armé ?

– Jusqu'aux dents.

– La France attire toujours, il n'y a qu'une France au monde.

– Bah ! Je ne sais plus.

Les rêves étaient sur leur crépuscule, celui aussi de la raison.

– Quand j'allais travailler en France, mon cher Leonardo, on m'appelait monsieur.

Il se retourna pour regarder la route par laquelle ils étaient descendus. Une ombre convexe montait des fonds. Mais le coteau des amandiers était encore dans une clarté qui absorbait le noir des branches. Effilochée du côté de la mer, et de ses diamants sur lesquels l'air se déposait.

Chapitre quatrième

Il laissa sa campagne qui frissonnait dans l'ombre et s'engagea sur le chemin habituel. Lentisques et romarins, qui perdaient leurs fleurs sous ses pas, diffusaient un parfum subtil. Puis le sentier coupait un pierrier, où ne poussaient que des veuves célestes. Au-delà, l'espace s'ouvrait sur une lumière qui errait sur la mer et la sculptait. L'Estérel, dans le lointain, prenait le ton de l'azur de l'après-midi.

A Vairara il entra dans le café, alla s'asseoir près de la baie vitrée. Il attendit patiemment en contemplant les images que formait la mer dans la vaste nappe de soleil. Véronique ouvrit doucement la porte.

– Bienvenue.

– Il y a longtemps que tu es là ?

– Chez moi il y avait une ombre, une ombre…

Elle s'assit à côté de lui.

– Tu pourrais déménager ici, au moins en hiver. Tu pourrais même vendre à Argela et t'acheter une maison ici.

– J'y ai pensé quelquefois et j'en ai du remords.

– Alors ne le fais pas. Hier est arrivé ce peintre qui est ton ami.

– Il vient tous les hivers. Il peint des buissons, des feuilles et même mes oliviers.

– Une fois j'ai posé pour lui. Si tu voyais comment il m'a arrangée ! Tout autour de moi il n'y avait que terre brûlée et j'étais terre moi-même, terre était ma peau minéralisée. Il disait qu'il avait fait quelque chose de goyesque.

– Cela ne te plaisait pas ?

– C'était beau, mais ce n'était pas moi, c'était du vieux sable. Mais changeons de sujet. Allons dans mon jardin. Je veux te montrer une plante qui jaunit. Je voudrais faire quelque chose pour la guérir.

Le long des cailloux du sentier, les buissons sentaient l'automne. La plante malade était un vieil arbousier noueux.

– Il manque de fer. Il a pris tout celui du terrain. Mais inutile d'en remettre maintenant.

– Nous attendrons quoi ?

– La fin de l'hiver, sinon les pluies le dilueront.

Le soleil avait baissé. Sur la mer la lumière cernait un ciel qui composait peu à peu une image de l'agonie. Son attention en fut distraite, tandis qu'elle revenait à son premier propos.

– ... Moi aussi, je voudrais prendre racine, comme la rose de Jéricho dès que le vent la pose.

– Tu as beaucoup changé de lieu dans ta vie ?

– Toujours ici et là, toujours vagabonde. Ce peintre m'a peut-être comprise, il m'a enfoncée dans la terre.

– Pourquoi avez-vous choisi ce lieu ?

– Il nous a plu, nous l'avons acheté. On disait que le constructeur avait reçu l'argent du roi du Maroc.

Ils allèrent vers le porche dans le vent qui secouait les buissons. Véronique se serrait dans sa veste qui lui moulait les épaules et les seins petits et fermes. Son visage était serein. Sur sa tête découverte, les reflets d'une lumière qui descendait. Ils entrèrent dans sa belle maison, peu luxueuse, mais un palais en comparaison de celle de Leonardo. « Chez moi dès deux heures on sent arriver la nuit, la martre gémit sur le rocher. »

– Plus un endroit est déshérité, plus on s'y attache, dit-il.

– De quoi parles-tu, à quoi penses-tu ?

– A ma maison. A cette heure il y fait déjà noir. Je pourrais avoir un beau bois, là-haut.

– Loin ?

– A deux pas, dans le Vallone del Gorgo.

C'étaient des pins d'Alep et des genévriers, brûlés jusque sous la terre : il n'était plus retourné les voir. Et peut-être aujourd'hui la vie avait-elle recommencé à y régner.

– Le vallon du Tourbillon. Pourquoi ce nom ?

– A cause du vent qui s'y engouffre, ou de l'eau qui y chante et se précipite dans la mer.

– Il y a une source ?

– Quand il pleut.

– Tu pourrais aller y vivre ?

– Ma maison a des pierres qu'il est difficile de laisser.

– Ce qui compte c'est le soleil, l'air, les heures de lumière, la vue. Malheureusement de chez toi on ne voit pas la mer.

– C'est sans importance. La mer, je viens ici, chez vous, et je la vois.

Il la voyait même tard, comme maintenant, et elle avait encore lumière et grâce, ses deux musiques. La présence de Véronique ajoutait quelque chose dans sa vie. Il était content qu'elle plante ses racines sur ces terrasses en forme d'éperon, de proue en murets.

– A quelle heure revient ton mari ?

– Dans la nuit, peut-être demain matin. Il est allé à Marseille.

Chapitre cinquième

Petits, frêles, les pins du Vallone del Gorgo avaient repoussé. Le soleil descendait derrière une roche et les hirondelles de montagne volaient de plus en plus bas. Autour de la roche, le ciel s'embrasait. Mais peu à peu, par groupes, les pins disparaissaient dans la lumière qui devenait blafarde. « Je suis venu tard, je suis venu au dernier moment, pensa Leonardo. Un de ces jours je viendrai plus tôt. » Il donna un rendez-vous à ces pins avant de s'en aller. La route qui descendait au bar de tous les soirs devenait obscure. Elle était bordée de schistes et envahie par l'air de la mer.

– J'ai cru que tu ne viendrais pas, dit Véronique, qui l'attendait.

Le dernier azur, presque en gouttes, s'éteignait autour d'elle.

– Tu es restée dehors, dans le froid. Allons à l'intérieur.

Ils entrèrent et s'assirent près des vitres.

– Qu'as-tu fait ces jours-ci ?

– Ça ne vaut pas la peine de le raconter.

– Tu as découvert qui t'a tiré dessus ?

– Je devrai attendre un rêve pour y comprendre quelque chose. Et toi, qu'as-tu fait, tu as revu le peintre ?

– Il est parti.

– Il fait toujours la même chose : il s'éloigne du « motif », jusqu'au moment où il fond sur lui comme sur une proie. Il n'est pas encore venu chez moi, mais il viendra, j'en suis sûr, il aime les oliviers au printemps, à la floraison.

– Ils sont beaux, les oliviers au printemps ?

– Ils sont beaucoup plus clairs.

Il revit le Vallone del Gorgo, l'hirondelle qui évitait un roc et d'un battement d'ailes faisait ployer un pin frêle, en recueillait la rosée avec ses plumes.

Le soleil se barricadait derrière un rocher.

– Ce sont des soirées tristes et les jours sont courts. Mais l'hiver s'envole vite. Il suffit d'attendre janvier et les jours rallongent.

Elle avait un air serein, poli par la couleur qui précède le soir. « Elle est ancienne et jeune à la fois, pensait-il, et sa vie ne tourne pas autour d'un coup de fusil. »

Ils ne parvenaient pas à se parler.

– Ton mari est revenu ? demanda-t-il.

– Il reste encore quelques jours à Marseille. Quand tu passeras, appelle-moi. Ou plutôt, fixons un rendez-vous. Demain, non, demain je ne suis pas là. Tu es libre après-demain ?

– Quand ?

– Dans l'après-midi.

Le matin, il marchait sur le sentier entre le bois et les oliviers quand il s'entendit appeler.

– Où vas-tu, mon fils ?

C'était une vieille, et le ciel formait derrière sa tête un étendard azur. Le visage creusé et osseux se confondait avec les souches.

– Qu'est-ce que vous faites ?

– Un peu de bois pour l'hiver, un peu de soleil pour le noir. Je suis chez vous ? Je sais que nous sommes voisins, mais je ne me souviens pas des limites.

– Qu'allez-vous penser là !

Teresa savait très bien que ce terrain n'était pas à elle. Mais quelle importance. C'était si rare de rencontrer des gens qui ramassaient du bois. Il lui semblait qu'elle se confondait avec la terre. Une existence entre forêts et oliviers. Et puis, si elle volait, c'était si léger. « Et dans vingt ans il sera dur de retrouver la borne témoin. »

Elle mettait des pignes dans sa bâche. Elles étaient blanches, de pin d'Alep, blanches comme ses mains. Elles étaient juste bonnes, tant elles étaient petites, à réchauffer le café du matin.

– Faites comme chez vous, faites ce que vous voulez, lui dit-il.

– Vous vous offusquez pour deux petites branches ? Je vous les rends, je vais les renverser par terre ici même.

– Par pitié ! Je me suis mal expliqué. Je vous donne le bonjour et vous souhaite bon travail.

« Je ne sais plus parler aux gens, pensait-il en s'éloignant, je ne sais plus dire les choses avec douceur. » Il allait à Argela.

Le ciel absorbait le campanile et les toits. Lumière dense. Les ciels légers lui plaisaient davantage. Dans les ruelles et à l'auberge il laissa venir le soir. Au moment où il allait sortir du village on l'appela d'un cellier. « Ils vont encore me dire qu'on est mieux ici que sur un coin perdu de montagne. »

– Tu as dîné ?

– A l'auberge.

– On ne te voit jamais, dit Pietro.

– Vous vous voyez souvent ?

– Argela n'est pas encore un village d'ermites.

Arancio posa son verre sur un billot.

– On ne t'a même pas vu pour le 2 novembre, dit-il.

– Je voulais venir, mais je n'ai pas pu.

– Nous avons décidé de mettre l'éclairage le soir au cimetière. Nous passerons récolter les fonds.

– Je ne sais pas si c'est une bonne idée.

– Moi non plus, dit Amilcare. Les morts ne lisent pas le soir.

– Plutôt qu'à l'éclairage, dit Leonardo, pensons aux rosiers dans la montée, avec toutes ces maladies.

Il y en avait une rangée avant la grille : des rosiers blancs jusque sous l'ange aux mains corrodées.

– Nous pouvons mettre des plantes plus robustes.

– Mais même les ronces tombent malades, dit Lorenzo. De nos jours il y a des maladies qui n'épargnent aucune plante.

– Tu dis vrai. Mais passons à des choses plus gaies. Prends des amandes et du vin vieux, de vignes maigres.

Ils parlèrent d'oliviers et de gens disparus, de soldats dispersés, de campagnes abritées et fertiles, de bergers qui descendaient à la Saint-Michel, de feuilles apportées par le vent des Alpes comme des télégrammes, de rivages merveilleusement poissonneux.

– Nous continuons à repeindre des feuilles mortes, dit soudain Lorenzo. Il n'y a pas quelque chose de plus concret ?

– Redonne-nous plutôt de ce vin, lui dirent-ils.

– Moi je ne bois plus, dit Leonardo, j'ai de la route à faire pour rentrer.

– Alors tu continues à te comporter en ermite.

– Je vous souhaite la bonne nuit, dit-il.

Et il partit sur le chemin de Beragna.

On n'y voyait presque rien. Il avait envie de s'arrêter. Dans le noir, au milieu des épineux à peine visibles, il se sentait fatigué. Il aurait voulu trouver quelqu'un qui en sache plus que lui et qu'il aurait pu interroger. « Mais pour lui demander quoi ?... Quelqu'un qui connaîtrait le monde et aurait lu les Anciens. Je n'ai lu que quelques Français, et j'en reste tout aussi découragé. »

On y voyait de moins en moins. Les feuilles émettaient un murmure éteint. Il pleuvait doucement.

Chapitre sixième

Cette fois encore il trouva Véronique dehors, dans le jardin. De grands nuages pointaient à l'orient, une averse poussée par le vent tombait obliquement sur la côte française.

– Tu es venu malgré ce temps.

Il lui dit que c'était une chance d'habiter sur cet éperon quand il pleuvait. La terre ne faisait pas de flaques. Il y avait seulement un peu d'eau sur les feuilles, sur les pierres creuses et dans les trous de la roche qui affleurait. On pouvait marcher sur le sec, tandis que chez lui la terre n'était pas poreuse et devenait de la boue.

– Tu as entendu comme il a plu cette nuit ?

– Ça m'a fait plaisir.

– Comment cela peut-il te plaire ?

– Je pense aux arbres. Ils aiment davantage l'eau que le vent.

– Ils n'aiment pas le vent ?

– Sauf quand ils sont en fleurs. Il favorise le passage du pollen.

Quelques gouttes tombèrent et s'arrêtèrent sur les douces ondulations de sa chevelure. Elle portait un imperméable, mais sa tête n'était pas protégée.

– Tu ne mets jamais de béret ? lui demanda-t-il.

– Quelquefois un béret basque.

Ils allèrent sous le porche de la maison. Des nuages passaient de plus en plus vite. La pluie éclaircit la mer, l'unit aux collines dans une atmosphère blanche. Il pensa que le soleil, au contraire, jetait sur elle un manteau de luxe. Avec l'azur chaque chose allait vers son destin particulier.

– Fumons une cigarette, dit-il pour rester encore un peu dehors. Il n'y a pas de cendrier ?

Elle mit la main dans une niche et prit une soucoupe, la posa sur une chaise. Elle était dorée, avec des décorations en relief : des fleurs compactes comme des pommes de pin.

– Elle t'intrigue ? Elle est portugaise.

– Tu l'as achetée à Lisbonne ?

– Dans un petit village. Tu es déjà allé au Portugal ?

– Il y a bien des années, dit-il.

– Tu aimes les voyages ?

– S'ils appauvrissent.

– Que veux-tu dire ?

– S'ils libèrent du superflu.

– Un pèlerinage ? dit-elle.

Elle le fit entrer dans une pièce dont la fenêtre donnait sur une haie éclatante. C'étaient des arbustes dont on extrayait une teinture et qui au printemps se couvraient d'un voile. Il ne se rappelait pas leur nom, mais tôt ou tard il le retrouverait.

– A quoi penses-tu ? demanda-t-elle.

– A rien, à ces arbustes.

– Je t'ai mené ici parce que c'est la pièce la plus chaude. Faisons un pacte : dorénavant tu me diras ce qui te vient à l'esprit. Ou plutôt, nous nous le dirons.

Elle se dévêtit calmement. Elle lui dit de la caresser. Elle se fit véhémente, comme dans un flot. Puis redevint de marbre. Elle ne remit que son imperméable. Elle le raccompagna dehors, sous le porche.

– Je vais peut-être partir. Je te donne une clef de la maison. Quand tu viendras au café, passe faire une visite.

– Je ne sais pas si j'irai, si tu n'y es pas.

– Viens, fais-moi ce plaisir, viens et contrôle.

Et elle ajouta qu'elle était forcée de partir.

– Tu passes un moment difficile ?

Elle rejoignait Alain à Marseille, où il se faisait soigner, lui dit-elle, et son amour pour lui était en train de changer.

– Donne-moi donc la clef, si cela te fait plaisir. Je ne surveille même pas ma propre maison, mais je viendrai garder la tienne.

– Le soir en passant, qu'est-ce que cela te coûte ?

– Je le ferai, dit-il, je jetterai un coup d'œil.

Il sortit les cigarettes de sa poche et lui en offrit une.

– Tu attendais quelqu'un ?

– Pourquoi me poses-tu cette question ?

– Tu n'avais pas un rendez-vous ?

– Avec personne, je te jure.

– Alors on nous espionne.

Et il montra le cendrier avec quatre mégots écrasés et un cinquième posé délicatement.

– Celui-là est le tien, et moi j'en ai fumé une.

– Tu en es sûr ?

– Et puis ce ne sont pas les mêmes.

– Je n'arrive pas à comprendre.

– Tu dois avoir un soupirant, ou alors on me suit, dit-il. Maintenant, va t'habiller pour de bon.

– J'ai froid aux poignets.

Les manches de son imperméable étaient retroussées et une fraîcheur était venue. La pluie continuait, mais sur les Alpes, momentanément, le temps s'ouvrait dans un bouillonnement de rouge.

Chapitre septième

– Vous connaissez le pays ?

– C'était la seule chose que je connaissais, aujourd'hui je ne sais plus bien.

– Moi je n'y étais jamais venue.

– Et moi j'y suis toujours venu, dit Leonardo.

Tout ce temps perdu sur les sentiers qui coupaient le rocher ! Il passait par ces dos lumineux pour sortir de la fosse de Beragna.

– Je regrette de ne pas être venue avant, dit la femme.

C'était la nouvelle serveuse. Elle était grande, avec des cheveux noirs, grande et mince.

– J'ai trouvé du travail dans un bel endroit, dit encore la femme. C'est un travail léger et on s'y fait des connaissances.

Elle semblait pleine de ténèbres, peut-être à cause de ses yeux violets.

Un homme entra, en veste de velours, et s'assit près de la fenêtre.

– Rouge au couchant annonce le beau temps, dit-il. Mais il va encore pleuvoir. Ce rouge a la forme d'une épée et cet or n'est pas normal.

Une raie pourpre tombait à travers les nuages sur les ombres de la mer et un beau temps doré se répandait à foison sur la ligne des montagnes. « Le soleil est capable de tout quand il se couche », pensa Leonardo.

– Chaque jour a son soir, dit-il.

– Vous buvez une bouteille avec moi ? répondit l'homme.

Un setter était accroupi à ses pieds. Vu de près, cet homme ne lui semblait pas inconnu. Le visage était un peu de travers avec une noblesse sur le front, les cheveux blancs sur le teint hâlé.

– Nous avons fait quelques ouvertures de la chasse ensemble, dit l'homme, tu ne te souviens pas ?

– Tu es Michele ?

Ils n'avaient rien à se dire. Mais ils gardaient au cœur quelque chose du monde lointain.

– Je suis allé sur les ubacs à bécasses, l'air était mauvais. Ici on se croirait dans un autre monde. Et toi, où vas-tu à la chasse ?

– Je n'y vais plus depuis des années, je n'ai pas repris le permis.

– Les jambes ?

– La tête. Je n'ai plus envie de tuer. Mais j'aimerais bien promener un chien, le voir quêter.

Il revoyait son breton frémir, aux temps lointains : ses taches orange se confondaient avec le rouge des lentisques.

– Et où vis-tu aujourd'hui ? Tu vis toujours dans cette oliveraie ?

– Toujours. Et toi, toujours sur la mer ? Tu as encore tes œillets ?

– C'est tout en immeubles, maintenant. On m'a donné un appartement.

– Quelle tristesse ! Ce beau sable !

– Quand les autres construisent tu ne peux pas faire autrement, ils te prennent la terre, ils l'asservissent, c'est fatal. Tu ne peux pas t'opposer au progrès.

– Et c'est pour ça que tu vas tout le temps à la chasse ?

– Il y a une loi qui limite les jours. Il y a des jours de silence.

– Et quels sont ces jours ? J'entends toujours tirer.

– Il y a une loi, mais personne ne la respecte. Certains n'ont rien à perdre. L'été je vais pêcher. J'ai un pointu, je m'éloigne du grouillement des plages. Tu ne vas pas non plus à la pêche ?... Si un jour tu te décides...

– Merci, je passerais volontiers une soirée sur la mer.

– Nous pourrions même y aller ce printemps. Mais comment passes-tu tes journées, maintenant ?

– Ce sont elles qui passent. Je ne m'en aperçois même pas.

Regarder la mer, regarder le ciel par-delà les oliviers n'était pas une activité que l'on pouvait nommer.

La serveuse les observait. Où avaient-ils trouvé une femme avec ces grands yeux cernés, avec ces longues jambes qui sortaient d'une jupe fendue et légère ?

Il dit adieu à Michele à la porte du café et monta par un petit chemin plein de gravier. De toute cette soirée il était resté un peu de lumière dans un mur d'ombre, une lueur qui serpentait. Le ciel était mouvant. Quand il arriva en haut, l'obscurité tomba. Il examina la grille avec une lampe de poche et découvrit pour la première fois le nom de la maison, en cursive sur un pilier et coupé par une plante grimpante. *Contre le vent.* Belle idée. De gens qui savaient ce qu'ils voulaient.

Il explora le jardin. Dans le faisceau de la lampe passaient des oranges qui resplendissaient à travers les feuilles cristallines, des lentisques et des romarins à la lisière du bois, et dans une éclaircie les petites têtes des veuves célestes. Il lui sembla entendre un bruit venant de l'intérieur de la maison. Ou était-ce l'un des habituels craquements d'arbres, amplifié par la brise nocturne ? Il entra et s'arrêta dans le salon. Il n'alla pas plus loin. Les maisons des autres l'intimidaient. Il s'assit pour écouter. Il entendit la brise et le murmure des buissons.

Il se trouvait près d'une table sur laquelle reposaient une pile de livres et une autre de disques. Il lut les deux titres du haut, en français : *La Réponse aux origines du mal* et *Quatuor pour la fin du temps*. Il ouvrit le livre (chercher l'appareil et mettre le disque était compliqué), lut les premières lignes : « *L'amour de l'or est commun à tous ceux qui apprennent à lire la volonté de Dieu dans le même livre : qui dit juif dit protestant.* » Et il le referma. Il le remit là où il l'avait pris, à côté du disque du temps, qui était peut-être plus sérieux. Il écouta encore : dans la maison, c'était le silence. Il pouvait partir. Il avait fait son devoir, ce qu'il avait promis à Véronique. Il retourna dans le jardin et alluma une cigarette. L'obscurité était totale. Sur la crête à l'orient, seulement deux étoiles voilées. « Demain, le soleil n'entrera pas dans les oliviers pour les réveiller en fanfare. »

Le retour était très pénible, avec sa jambe handicapée et dans cette obscurité. Il était obligé de se servir de la lampe dans les montées rocailleuses : impossible de s'en remettre au hasard pour deviner les marches. Mais, passé le rocher, le chemin continuait doucement sur des crêtes blanches avant d'entrer dans le bois. Il marchait comme un somnambule, tout entier aux choses qui lui venaient à l'esprit. Il pensait que chacun cherchait le mal là où il avait envie de le trouver : « Regarde, ce sont eux, disait un vieux de son village des années et des années auparavant, oui, eux tous : les anarchistes, les francs-maçons et même ces minables de socialistes ! »

Le chemin passait maintenant par les oliviers, dans un bruissement familier. Il reconnaissait au son toutes les brises et tous les vents. C'était le moment de s'arrêter, puis d'aller prudemment. On lui avait tiré dessus en cet endroit exact, par surprise, l'autre fois, et il ne faisait pas noir comme aujourd'hui, c'était le crépuscule. Il repensa à son berger de la Maremme (il l'avait eu après le breton), un chien tout en force et en défiance, tout flair et toute ouïe, d'une grande douceur. Il était mort prématurément.

Chapitre huitième

Une femme cousait sur le seuil, deux petits garçons jouaient sur la place, tout près d'une ombre lumineuse.

Dans la boutique un homme dit :

– Bientôt viendra le beau temps et nous serons sortis de l'hiver.

– Mais on n'a pas encore passé Noël !

– C'est ce que je voulais dire. Janvier sera bientôt là et puis ce sera Pâques, et on ira vers l'été.

A Argela les vieux anticipaient toujours les saisons et les jours. S'il faisait beau ils disaient : « Nous le paierons, ce beau temps » ; et s'il pleuvait : « Nous la regretterons, cette eau. » Ils étaient obsédés par l'avenir, un avenir qui punissait. Ils n'avaient jamais ce sentiment de l'éternité que l'on pouvait entrevoir, là, dehors, ce sentiment des harmonies qui liaient les choses : les ruelles, les constructions, les montagnes, les arbres.

– Vous désirez ? demanda la femme derrière le comptoir.

– Deux œufs et un kilo de pain, dit Leonardo.

Dans une ruelle, tandis qu'il repartait, un homme lui demanda si c'était vrai qu'on lui avait tiré dessus.

– C'est une vieille histoire.

– Maintenant tout est calme, à Beragna.

– Ça l'a toujours été, dit-il.

Et il poursuivit son chemin. Celui qui lui avait parlé avait son âge, il était déjà marqué par la mort. « Je ne sais qui je dois remercier d'être encore en bonne santé, pour l'instant. »

Chez lui, il y avait une lumière bleutée sur les oliviers. Le beau temps était là. Il posa les œufs sur la crédence et le pain sur la table. « Oliviers touchés par le ciel, pensait-il, arbres de la grâce aux racines ancrées en terre depuis des siècles. »

Un homme l'appela du dehors. Il avait vu la porte ouverte et se trouvait sur un terrain où il n'y avait pas de servitude de passage. Pour cette raison, plus que par amitié, il avait lancé un salut.

– Je passe quelquefois par ici, dit-il.

– Passe quand tu veux.

– Les grives sont arrivées. Écoute comme elles chantent. Il a neigé en montagne.

– Elles étaient déjà passées en octobre.

– Celles-là avaient fait leurs nids plus haut, ce n'est pas encore le retour. Ce sont des jours de bourrasques et de crimes. Tu as vu tous ces morts ?

– Où ?

– Sur les cols de la frontière. Un Noir a été égorgé au Cornaio, un autre au Cardellino. Une femme a été trouvée morte dans une grotte près de la mer. On dit qu'elle était à moitié nue. On ne sait plus à quel saint se vouer. Qui nous sauvera ?

Il resta en haut. Il contourna le rocher par l'ouest pour retourner à Vairara. On voyait tout de suite la mer. Il n'était pas pressé. Il marchait entre des buissons presque aussi grands qu'un homme.

D'un myrte vint un sifflement, il le reconnut : sec et bref, sans modulation.

– C'est toi, Ernesto ?

C'était bien lui. Il se tenait dans une petite clairière, le fusil au bras, les cistes jusqu'aux chevilles, un béret militaire sur la tête. L'escarpement et le pin, bon pour l'affût, étaient éclairés par un soleil qui ne partait pas.

– Cette année, les grives sont revenues en avance. Elles ont laissé l'Afrique et l'Espagne.

– C'est comme l'année où il a plu tout le temps. Tu te souviens ?

Ernesto sortit sa gourde de sa musette et se mit à boire. Puis il la tendit à Leonardo.

– Excuse-moi d'avoir bu le premier, mais je n'ai pas résisté. Si je ne bois pas, je ne me souviens pas.

– Qu'est-ce que c'est ?

– De la grappa que je fais moi-même. Tu n'aimes pas ?

– Elle a comme un goût de ferraille.

– Je bois n'importe quoi. Ça me suffit pour me souvenir.

– Et autrement ?

– Je ne sais même pas qui je suis, Leonardo. J'ai eu du mal à te reconnaître. Tandis que, maintenant, je me souviens de cette année-là : trois grives sur chaque arbre et des nuées de mésanges charbonnières. – En parlant, Ernesto s'était assis par terre. – Assieds-toi aussi.

– Qu'est-ce que tu cultives en ce moment ?

– Je me balade çà et là, dit Ernesto. Chez moi, je n'ai plus le cœur à rien.

– Personne ne cultive plus rien, pour une raison ou une autre. Tu n'as pas à t'en faire.

– Tu vois, Leonardo, écoute-moi bien, à toi je peux le dire : si je bois je saute par-dessus sa mort, et je le revois vivant. Tu ne te rends pas compte de ce que ça signifie, d'avoir vu sa cervelle collée à l'écorce.

Leonardo chercha une phrase, quelque chose... Mais plutôt que de dire une banalité il garda le silence. Il voyait le garçon s'adosser à un olivier, le canon du fusil sur la tempe. « Un éclair et c'est fini. Il n'aurait pas dû faire ça, en laissant ce père ici. »

– Où t'en vas-tu à cette heure, sans fusil ? demanda l'autre.

– Dessous, à Vairara. Il y a un café. Tu veux descendre ?

Le soir tombait sur la mer. Une grive soliste avait attaqué la liturgie du crépuscule. Plus haut, sur un olivier, hors de portée du fusil. Le chant était calme avec des entrelacs de lumière et des notes cachées.

Chapitre neuvième

Il pensait à sa rencontre avec Ernesto. « C'était hier et ça semble déjà loin. Le fusil qu'il portait, c'est peut-être celui avec lequel son fils s'est tué au pied de l'olivier. » Il était de nouveau au café et regardait la mer, en bas, agenouillée sur les rivages.

– Vous êtes d'ici, monsieur ? lui demanda son voisin.

– Je ne suis pas d'ici, mais je viens souvent, je viens presque tous les soirs.

– Vous connaissez les gens qui habitent ce coin ?

– Presque personne. Je ne vais pas dans les zones habitées.

– Qu'est-ce que je peux vous offrir ?

– C'est moi qui vous invite. Je suis de la boutique, pour ainsi dire.

Mais la serveuse était absente pour le moment.

– Vous n'êtes jamais entré dans ces maisons ?

– Lesquelles ?

– Celles qui sont là, sur ce piton. J'ai sonné à celle qui est en haut, mais elle est fermée.

– Celle où il y a écrit *Contre le vent* ?

– Je vois que vous la connaissez. Vous ne savez pas quand ils reviendront ?

– Je n'en sais vraiment rien. Peut-être qu'ils ne reviendront pas.

– Vous les avez probablement rencontrés dans ce café. C'est un couple de Français, lui est professeur, il est déjà âgé. Et elle, elle le promène à sa guise. Elle est belle, mais c'est une jument à qui l'avoine met le feu au ventre. Il est rare que les femmes aiment le soleil. Elles préfèrent ce qui brille à ce qui éclaire.

– Je n'aime pas ces propos, monsieur. Ils me semblent un peu étranges.

La serveuse revint et Leonardo commanda du vin blanc.

– Le rouge qu'on sert ici n'est pas très bon, dit-il.

La serveuse apporta la bouteille.

– La nuit vient vite, vous ne trouvez pas, messieurs ?

Sous eux la terre du versant se ridait, les buissons semblaient errer dans la lumière déclinante, la chaîne des montagnes de France était bleutée.

– Je voudrais que le soleil ne parte jamais, dit l'homme.

– La nuit vous fait peur ?

– Nous sommes fils du soleil, nous qui sommes en transit pour Sirius.

– Tout se tient dans le monde.

– Tout ? Rien ne reste debout, dit l'homme.

Il avait un visage décidé, une ride verticale sur le front. Ses yeux étaient fixes.

– Que voulez-vous que je vous dise ! Que le transit vous soit léger !

– Il sera foudroyant.

« Devrais-je le forcer à s'expliquer ? » Il lui demanda où il pensait dormir.

– Sur la côte. Nous y avons une espèce de fort.

Chacun se renferma dans son silence. Leonardo aurait eu bien des questions à poser sur les deux que l'homme cherchait. Mais comment le faire sans détours, sans duplicité ?

– Ne vous offusquez pas, dit-il, si je regarde dehors.

Plus tard, il entra dans le jardin de *Contre le vent*. Même à l'occident tout feu, tout azur avait disparu ; les chaînes maritimes s'étaient couvertes d'étoiles. Il fit seulement le tour de la maison. La porte était fermée, les fenêtres au-dessus des buissons aussi. « Voici venir suicides et folies. Et moi je ne sais à qui j'aurai à répondre de ce que je fais de mon temps, de la manière dont je le perds. »

Il se dirigea vers Beragna. Il marcha avec précaution sur les sentiers rocailleux. Sur les terres blanches il entendit le bruissement d'un renard. Une fois dans ses oliviers il alluma la lampe qui était devant la porte, accrochée à une branche : le terrain lui sembla orphelin. Il revit les belles-de-nuit et les autres fleurs qui s'ouvraient le soir. « Où sont les mains qui les plantaient ? » La mémoire mettait sur la pauvreté une touche légère.

Et vint une vague de froid. Les dernières feuilles du cerisier tombèrent. Dans l'oliveraie les fleurs survivantes prirent le lustre. Ciel bleu et soleil. Mais ce n'était plus le même soleil. Il ne pénétrait pas la terre. Il rayonnait plus haut, or inutile.

Leonardo était assis, rencogné, sur une marche à la limite de son domaine. Un homme fauchait les terrasses avant de labourer. Les herbes se découpaient sur un fond d'anémones qui commençaient à dépérir ; des panaches d'argent, pliés par la brise, semblaient lancer une imploration muette.

Ce jour-là le peintre arriva. Et, à peine arrivé, il se mit à regarder les oliviers.

– C'est beau, dit-il.

– Il manque la mer, il manque le soleil l'après-midi.

– Ça me plaît : c'est dépouillé, c'est intime, dit le peintre.

Agé et corpulent, il se déplaçait avec fougue sur les marches et par les sentiers. Leonardo le suivait. « Il fait toujours ainsi, il découvre, il prend possession. »

Le peintre se mit à travailler à deux toiles. Il était face à des oliviers tordus, adoucis par un voile d'argent. Il étala le fond.

– Demain je ferai les herbes et les arbres.

L'ombre tomba et la terre se fit écailleuse. Le peintre alla se laver les mains au ruisseau. Les crêtes devenaient tranchantes, diamantées.

Ils entrèrent dans la maison.

– Tu habites un bel endroit.

– Tu ne vois pas la lumière, là-bas, sur la mer ? Et ici il fait déjà noir.

– Qu'est-ce que ça peut te faire ?

– Où loges-tu ?

– A Case a occidente.

– Tu n'as pas connu l'endroit quand il était en ruine et s'appelait Vairara. Il était entouré de myrtes.

– La première fois que je l'ai vu il était déjà comme aujourd'hui.

Ils allèrent dîner dans un village adossé à des rochers du haut desquels le menaçaient des oliviers penchés.

– L'an passé, j'étais au bord de la mer et j'ai pris la fuite. Chez toi, rien ne me force à fuir.

Ils prirent une bouteille de blanc.

– Il est du pays ?

– Un peu trafiqué.

– Je devrais rester plusieurs années. Alors je verrais vraiment, je me mettrais à parler avec les buissons, avec les arbres. C'est difficile de parler avec la mer. Il faut un délire plus fort, épuisant.

Après le dîner ils sortirent sur la place. Ciel étoilé au-dessus des maisons. Un homme appuyé à un mur sous une arcade.

– Belle nuit ! dit l'homme.

– Fraîche.

– Saluons-nous dans les formes. Demain, peut-être, je dois faire un voyage.

– Oui, bon voyage. Mais ne faisons pas de bêtises.

Ils sortirent des ruelles, sur la route. On entendait monter le bruit, presque un tintement, d'un torrent qui coulait sous un noyer. Façade très pure d'une chapelle sur des pavés en pente.

– Qu'est-ce qu'il a voulu dire ?

– Bah ! Je ne sais pas. Il avait le ton de celui qui m'a dit un jour : « Demain je prends une cartouche pour petit déjeuner. »

– Quand on le fait, on ne le dit pas.

– Bah ! Parfois, la nuit, on parle.

Dans la voiture, après les tournants, ils revinrent à la peinture. Leonardo conduisait. Le peintre, le col de son manteau relevé, semblait somnoler.

– On dit que tu tires de la nature des ors lombards et des églises romanes de province.

– Si ça pouvait être vrai ! J'aimerais être un peintre de l'aube, pas de la décadence.

Ils traversèrent une gorge rocheuse, puis débouchèrent sur des terrasses ouvertes. Ils passèrent Argela et roulèrent lentement vers la combe de Beragna.

Ils descendirent de voiture.

– La nuit est douce, ici au fond.

Des rocs luisaient vaguement. Des voiles d'opale y naviguaient. En haut, au centre, le Cocher conduisait les Chariots. Les pauvres oliviers, filigranés, paraissaient à la fois prostrés et confiants. Quel remords de les avoir négligés !

Le lendemain à l'aurore le peintre était déjà revenu.

– Je veux voir comment cette terre se comporte à la première lumière.

Il s'était adossé à un tronc et avait allumé une cigarette. Tant que le travail n'était pas commencé, il fumait comme un damné.

Le jaune des soucis fut le premier à apparaître, puis le rouge d'une rose dans le noir et, sur un coin de terre, le quartz qui polissait les pioches. Puis la lumière bondit de tous côtés, l'azur envahissait jusqu'aux anfractuosités des souches, dans l'ombre oubliée.

Le peintre prit dans la remise le chevalet et une toile, les emporta dehors, tête baissée; il regardait par terre, déjà concentré. Leonardo partit avec un petit panier à l'épaule, alla à Argela, dans la boutique. Au retour il marcha lentement. Il donnait du temps au peintre. « Qu'il travaille tranquille sous les oliviers ! » Au firmament passaient deux nuages, ils allaient vers les rochers.

Il arriva en silence. Il attendit, pour l'appeler, que le peintre fasse une pause. Ils prirent leur petit déjeuner ensemble. Il y avait des touches de lumière sur les grumeaux du pain.

– Ici je travaille bien.

– Il est passé des nuages.

– L'ombre était violette. Un azur liquide coule sur les branches.

L'ombre de l'après-midi descendit, définitive. C'était seulement en été que le soleil tournait, réapparaissait au nord du rocher.

– Tu veux voir les toiles que j'ai ratées ? J'aimerais que tu me dises ce que tu en penses.

– Et où sont-elles ?

– A Case a occidente, je ne les ai jamais emportées à Milan.

Ils descendirent jusqu'à la mer, puis remontèrent par une route toute en tournants. A certains endroits les romarins frôlaient les vitres. La voiture cahotait.

Le logis du peintre était modeste. Dans une pièce, jonchée de journaux maculés, deux tableaux par terre, appuyés au mur.

– Tu veux que je les redresse ?

C'étaient deux toiles analogues par le sujet. D'un bleu incandescent, de mer. Et une femme y entrait et y mettait de l'or. Un bleu était compact, l'autre se crevassait autour d'une fissure.

– Tu l'as prise pour le soleil ?

La femme avait deux taches qui semblaient saigner.

– La lumière s'écrase, dit le peintre. – Il souriait tristement. – Je l'avais trop de face. Je n'ai pas réussi à en rendre l'évasion... Quelle difficulté, la mer ! Avec les terres c'est différent, même avec les plus ardentes on sait où appuyer.

– Tu préfères lui tourner le dos, quand tu travailles ?

– Elle brûle tout, tout. Rien ne reste : l'empreinte des choses, la douceur, les traces humaines.

Quand ils sortirent et s'arrêtèrent sur la route, la mer, en fait, n'avait rien de brûlant. « Elle bat en paix. Depuis des siècles et pour des siècles. »

– Où allons-nous ?

– Où tu veux.

L'ombre était rouge sous les rosiers. Un amandier resplendissait encore, d'une lumière pointillée.

– Chez moi il fleurit dans un mois.

– Qu'est-ce que ça fait ! Il suffit que les choses arrivent.

Ils allèrent au café. Ils commandèrent à boire.

– Elle est belle, cette serveuse. Ses yeux ont le ton de l'ombre de tes oliviers.

La brise du soir s'était levée. Elle se prenait dans le store et dans la lumière d'un chêne encore chargé de feuilles sèches.

– Il faut rester attentif à la douceur des choses.

– Je fais mon possible, dit Leonardo. Mais souvent je n'y réussis pas, du fait des circonstances. – Il était presque sur le point de lui confier qu'on lui avait tiré dessus, mais il ne le fit pas. – Pourquoi une femme contre la mer ? demanda-t-il.

– La peinture est un luxe.

Et la conversation passa au modèle, qui n'était pas là, mais qui devait arriver.

– Mais tu la connais peut-être.

– Je l'ai tout de suite reconnue. Même si son corps était lacéré, j'ai vu sa manière de se mouvoir.

– Je voudrais tout ramasser, elle et la lumière marine, dans la douceur... Mais je ne veux pas travailler dans l'imaginaire. C'est une femme glaciale. Certes, travailler chez toi est plus facile. Mais quelqu'un a dit : « Je pourrais vivre dans une coquille de noix, si je n'avais pas de mauvais rêves. »

Quand ils sortirent une odeur de terre montait des vallons. Seule une luisance bordait la crête.

– Il vaut mieux que je te raccompagne en voiture. Il fait noir.

– On s'habitue et j'aime marcher.

– Bonne nuit, Leonardo.

– Bonne nuit, Eugenio.

Chapitre dixième

– C'est quoi, ce squelette suspendu dans l'air, ce squelette d'oiseau ?

– C'est le village le plus haut.

– De quoi vivent-ils là-bas ?

– Je ne sais pas bien. Autrefois ils cultivaient le lin.

– Il me paraît tout nu.

Il y avait des terrasses accordées à la force de l'azur.

– Un jour, après le travail, je voudrais le visiter. Tu m'accompagneras ?

– Naturellement. Nous pourrions même partir maintenant.

– Maintenant je voudrais encore travailler quelques heures, dit le peintre.

Il était revenu le matin chez Leonardo et s'était mis au travail sans parler de rien, devant le même versant couvert d'oliviers et d'herbes hautes qui traversaient l'hiver. Dans le village que l'on voyait au loin les terrasses étaient dépouillées, brûlées par le gel la moitié de l'année.

– Je pense encore à ces deux tableaux que tu m'as montrés hier.

– Moi pour l'instant je n'y pense pas, dit le peintre. Tu es bien rentré ?

– Je connais le chemin comme ma poche. J'ai même fait un tour. Je suis allé voir une maison dont je suis devenu une sorte de gardien, dit Leonardo.

Il avait même écouté le *Quatuor pour la fin du temps.*

Celui-ci n'était pas très différent du chant de la grive qui, le soir précédent, avait exécuté la liturgie du crépuscule. La même double voix, le même cours tranquille, et les plages de silence. Un violon répondait aux invocations d'un piano et montait toujours plus haut, loin de la terre.

– A quoi penses-tu ?

– A rien. Je ne peux pas parler de choses dont je n'ai pas la certitude.

– Alors il faudrait que tu te taises toujours. Allons ! Remettons-nous au travail. Je dois préparer de nouvelles couleurs sur la palette. Regarde là, le terrain est rouge, avec des fonds de montagnes du plus fin lilas. Et le ciel est si lumineux qu'il les dévore.

Leonardo s'en fut terminer de tailler la vigne. Il fallait se dépêcher : dès la fin de janvier elle était en sève et la coupe commençait à pleurer. On taillait court, seulement deux bourgeons, sinon les pieds, trop vieux, se seraient épuisés. La terre en cet endroit était en mottes claires, mais vers le ruisseau elle gardait un sillon obscur, même en pleine lumière. Plus haut, sur deux terrasses tendres comme la cendre, de couleur bleuâtre, les mottes retournées paraissaient fleurir dans les jours de beau temps. Il arrachait et coupait le bois mort pour qu'il ne gagne pas tout le cep. Il lui semblait que pour ces vignes, comme pour toutes ces terres baignées de soleil, le *Quatuor* avait déjà commencé. Là où deux murets se rejoignaient, dans un coin abrité, deux pouillots affairés becquetaient les insectes sur le tronc du citronnier.

En une demi-heure de voiture, presque entièrement en montée, ils furent au village qui avait la silhouette d'un oiseau posé sur les rochers. Le soleil du soir frappait encore les murs, les terrasses nues. La vallée était déjà dans le noir.

Ils laissèrent la voiture sur une place poussiéreuse couverte de gravier et suivirent un chemin muletier qui longeait les maisons. Au loin, dans le ciel coupé par les crêtes, contre la mer encore lumineuse, se dessinait le dos osseux du rocher de Beragna. Il semblait animé d'un mouvement de va-et-vient dans les longs reflets du jour déclinant.

– Ils en ont des années, ces rosiers.

– Ils ont résisté à tout.

Des rosiers ressemblant à de petits arbres bordaient le chemin. Les intempéries avaient creusé les troncs et les avaient rendus rugueux. Il y avait même quelques amandiers, argentés par le gui, sur les coins de terre les plus fertiles.

– Pourquoi n'enlèvent-ils pas le gui ?

– Les amandes ne valent plus rien, en revanche le gui se vend.

– J'aimerais habiter ce village.

– A quoi t'attacherais-tu ?

– A ces amandiers. Ils ont des branches comme des tentacules. Au bord de la mer j'ai essayé avec des cactus qui pendaient des talus, avec le ciel des deux côtés.

– Qu'est-ce que ça a donné ?

– Je ne sais pas, ce n'était pas vraiment réussi. Je ne suis pas arrivé à rendre l'ombre qui s'infiltre dans les enchevêtrements à travers les épines.

Eugenio parlait douloureusement, d'une voix sourde, sans presque remuer les lèvres.

– Tu ne m'as pas encore dit pourquoi tu t'es retrouvé à Vairara.

– J'ai acheté un logement. Je croyais qu'il était à moi, en fait c'est une résidence. Quand je m'en vais, je dois le laisser à la disposition d'autres occupants. Je pourrais avoir une maison dans un vrai village, pas dans ce lieu auquel je ne m'attache pas.

– Si tu m'avais demandé je t'aurais conseillé.

– Je ne te connaissais pas encore.

– Je t'aurais dit de faire attention, tous les complexes de la côte sont à des hommes de paille du roi du Maroc et de la mafia russe.

– Comment le sais-tu ?

– Ces choses-là se savent.

– Il est difficile de s'orienter. Heureux temps, celui où Cézanne s'appuyait sur sa sœur, qui faisait confiance à son confesseur, ami d'un jésuite en contact avec Rome.

– Tu dis ça sérieusement ?

– Il se débarrassait de tout problème... Et la maison de Véronique, elle doit être comme la mienne, un peu à tout le monde et un peu à personne ?

– Je crois qu'ils sont arrivés les premiers. Ils ont acheté une ruine à de vieux habitants. De la terre et des ruines. Ils sont vraiment propriétaires.

Comme aiguillonnés par le peu de soleil, oblique, qui restait, ils allongèrent le pas.

– Tu as eu du mal à la convaincre de poser ?

– Aucun mal. Elle s'est mise nue, mais elle ne posait pas. Elle s'amalgamait... Je ne sais pas comment t'expliquer.

Ils prirent un sentier qui menait à une bergerie. On ne voyait pas de chèvres ni de moutons, mais on sentait leur odeur. Eugenio se heurta à un fil de fer, tendu entre une aubépine et un églantier.

– Je ne comprends pas, dit-il.

Leonardo regarda le sol. Il vit une ornière et les pierres déplacées.

– C'est une défense contre le motocross.

– Mais c'est dangereux !

– Les bergers deviennent féroces quand il s'agit de défendre leurs bêtes.

A l'extérieur la bergerie était tout herbeuse, herbe brûlée, moisissures et lichens, mais dedans la pierre était nue, avec des piliers comme des colonnes luisantes. Çà et là, des poils et un peu de laine les décoraient.

– Il l'a abandonné ces jours derniers. Ils descendent en même temps que descend la température. Ici il ne trouvait plus rien.

– Ce silence est vivant. Il ne t'intimide pas ?

Ils retournèrent à l'air libre.

– Tous ces murs ! Il n'y a que des terrasses.

C'étaient les premières heures de la nuit. Il revenait à Beragna à pied, Eugenio l'avait laissé à Argela. En marchant, il pensait avec nostalgie au village sur les hauts rochers, pauvre et déchu, où il avait entendu un jour un berger dire : « Personne n'est plus que les autres. » Il aurait voulu rester là-haut sur les rochers gris, parmi les fantômes de lavande et de lin, parmi les souvenirs de bergers. « Il appartient à une Ligurie de montagne réduite aujourd'hui à une apparence. » Il marchait et, en trébuchant, il laissait aller ses pensées. Le ciel était sans lune, mais les étoiles brillaient tellement qu'il voyait son ombre s'esquisser le long des murs. « Pouvoir scruter ces ténèbres, se disait-il, ce monde qui part en ruine, ne pas avoir continuellement la tête ailleurs, là-haut sur ces rochers ou dans l'outre-mer. »

A la porte de sa maison il entendit qu'on l'appelait.

– *Monsieur, monsieur !*

C'était une voix excitée. Il entra et prit le fusil, revint, les canons vers le sol. Il avait une lampe braquée dans les yeux.

– *Tournez la lampe,* dit-il en français. *Combien vous êtes ?*

– *On est dix.*

– *Bien, ne bougez pas.*

– *On cherche la France.*

Il leur dit qu'ils étaient encore un peu loin. Il fallait qu'ils montent, puis qu'ils redescendent dans un vallon et remontent encore. Bon voyage et bonne chance.

Il lui resta le souvenir d'un sourire plein de peur dans un visage sombre.

Deuxième partie

Chapitre onzième

Il était seul et regardait la mer : elle jetait des lumières sur la côte et était parcourue d'éventails. Le vent des dames soufflait, vent de printemps. Il ne chassait pas vers la terre et créait à l'horizon des plaines éblouissantes.

La serveuse apporta la demi-bouteille qu'il avait commandée.

– C'est quoi, ce vent, demanda-t-elle, avec toute cette écume ?

– Du vent de sud-ouest. Il y a beaucoup de blanc et de bleu clair intense.

– C'est le mistral ?

– Ce n'est pas le mistral. Le mistral comprime la mer sous la côte.

– Cela fait trois soirs que vous ne parlez à personne. Je peux savoir pourquoi vous êtes toujours seul ?

Il avait envie de répondre : « Pour parler avec Dieu, au moment juste. » Mais ce n'étaient pas des choses à dire.

– Et si je me parlais à moi-même ?

– Bon ! Je vous laisse, je reviendrai bientôt, si vous permettez.

Elle avait désormais l'expérience du métier, elle n'exigeait pas de réponse. Elle revint et dit qu'elle s'appelait Carla. Elle dit encore qu'elle savait qu'il s'appelait Leonardo.

– Carla est un beau nom, le mien ne me plaît pas.

– Quel nom vous plairait ?

– Certains noms que portent les terres de colline : Arcagna, par exemple.

– Ce n'est pas tellement adapté à un homme.

– Ça sonne bien. Mais asseyez-vous. Qui vous a dit comment je m'appelle ?

– Véronique. Je sais que vous la connaissez bien.

– Je l'attends. Je garde sa maison. Les arbres ont soif maintenant que c'est le printemps.

– Elle reviendra ces jours-ci.

– Je ne savais pas que vous la connaissiez.

– C'est Véronique qui m'a fait venir ici. Avant j'étais vendeuse.

Elle n'avait pas le genre d'une vendeuse, ni d'une serveuse. Il se permit de lui demander si elle avait un fiancé.

– J'ai plusieurs hommes qui me font la cour, je ne sais pas lequel choisir.

Elle devait avoir une certaine expérience des hommes. Cela se voyait à sa manière de se mouvoir et à certains coups d'œil troubles et angéliques.

– Peut-être vaut-il mieux n'en choisir aucun, vivre tranquillement votre vie.

– Tant qu'il y a Véronique pour me protéger, je peux le faire. Mais un jour elle partira. Ici elle se gaspille.

– Et ailleurs que ferait-elle ?

– Tout. Elle charme dès qu'on la voit. Ou bien le charme ne suffit pas ?

Il se dit que si, que pour certaines choses le charme suffisait. Elle devait avoir beaucoup de soupirants, qu'elle réussissait à tenir en respect par sa froideur.

– Je crois qu'elle n'a jamais travaillé.

– Et vous, que faites-vous comme travail ?

– Je ne sais même pas si on peut appeler ça un travail.

Il ajouta qu'il avait levé son visage de la terre et qu'il n'avait plus réussi à s'appliquer aux choses quotidiennes. Il se promenait beaucoup, non sans remords.

– La terre me plairait bien, dit-elle.

– Vous venez de la campagne ?

– Mon grand-père avait une barque, il pêchait pour son compte. A l'époque la mer n'était pas saccagée.

– C'est toujours la même chanson.

La terre ruinée, la mer aussi. N'y avait-il jamais une chanson gaie ? pensait-il. Et il dit la première banalité qui lui vint à l'esprit :

– Vous êtes jeune et vous avez l'avenir devant vous.

– Ma jeunesse, je l'ai gâchée dans les discothèques, dit Carla.

La fête, tant attendue, et qui tardait à venir, était passée sans avoir jamais commencé. Même le don de rêver avait disparu.

Grande, les cheveux longs, les épaules larges, elle tenait à la main une petite branche de prunier en fleur. Et elle avait sur le visage un peu de désillusion.

Il remonta dans le vent des dames, un œil sur la route et l'autre sur la mer, dont les éventails pâlissaient. Il pénétra dans le verger de Véronique. Verger ou jardin ? Les dernières fleurs d'amandier, les premières fleurs de prunier.

Dans la maison, il ouvrit la fenêtre. La lumière d'une glycine entra, en se fondant dans l'ombre. Vers la France, l'Estérel, violacé dans l'air diaphane, semblait gagner la haute mer.

Les étoiles sortirent de la colline à l'orient, puis la lune. Elle était une faucille sur le château des Mouettes.

Il restait assis à la fenêtre, le menton dans la main. Il pensait à la mer d'où les choses venaient et à la mer vers qui elles allaient. Le château des Mouettes : il pensait aux narcotrafiquants qui voulaient s'approprier cette vieille ruine et lotir toute la pointe avec ses agaves et ses récifs. Le territoire entier était menacé par les nouveaux promoteurs. « Que restera-t-il un jour de mes oliviers et de leur pureté franciscaine ? De leurs lichens, de leurs moisissures ? Ils travaillent nuit et jour, sous le soleil et sous les étoiles, pour atteler la terre au ciel. »

Le sommeil lui vint (il avait travaillé jusqu'à cinq heures) et il s'allongea sur un canapé. « Je vais dormir dix minutes, pensait-il. Juste pour avoir la force d'aller chez moi. »

Il se réveilla quand venait l'aube. Il avait encore dans les yeux la scène du soir et une autre se présentait, presque semblable, plus légère, plus rosée, avec des ombres qui décroissaient.

Il entendit un froissement, des bruits étouffés, un murmure comme un soupir. Il alla voir.

Le bleu laiteux d'une robe scintillait sur le sol. Véronique était nue, le visage incliné, la main posée sur le ventre d'un homme.

Il partit sans se faire entendre. Il sortit de cette maison. Les routes étaient poudreuses, les arbres gris. Il revoyait les paupières baissées, la tête mélancolique, le face-à-face de la lumière et d'une femme dans le silence d'une chambre.

A Beragna, un peu avant l'oliveraie, il s'arrêta pour redresser la tige d'un rosier qui s'était emmêlée. Puis il reprit sa marche sur le sentier encombré de feuilles et de branchages. Le ciel flamboyait sur les pâleurs du vent.

« Un tourbillon, pensa-t-il sur le seuil de sa maison, un petit tourbillon a pris naissance là sur le rocher. Le vent a tournoyé autour et il est monté en vrille là-haut. » Il voulut ouvrir la porte, mais la grosse clef ne tournait pas. Il s'aperçut que la porte n'était pas fermée, mais seulement laissée contre. C'était étrange. Il faisait toujours très attention en fermant. Il se concentrait, jusqu'à en devenir maniaque.

L'habituel rayon de soleil sur le morceau de pain, le vide de toujours. Mais deux chaises étaient disposées face à l'entrée. « Quelqu'un m'a attendu. » Le fusil était à sa place, dans le foyer de la cheminée condamnée.

Il retourna dehors, regarda un peu par terre. Pas de traces, d'empreintes, de signes. La serrure était intacte. De nouveau le ciel gentiane sur les clairs sentiers dans les branches. Que pouvait-il regarder encore ? « Pourquoi m'avez-vous attendu ? pensait-il. Heureusement que je ne suis pas venu. Il faut que je sois sur mes gardes. Désormais je me promènerai avec mon revolver. »

Il pensa aussi qu'il avait eu de la chance de s'endormir dans la maison de Véronique, et cette lumière crépusculaire, dans quoi il s'était réveillé et avait été sidéré de la voir nue, lui parut amicale. La vie était ainsi : une succession des pires maux évités par hasard. « Peut-être un jour me déciderai-je à surveiller pour de bon. »

Le vent de sud-ouest venant, fatigué, de Gibraltar était en général relayé par le mistral. Mais cette fois il fut suivi d'un vent contraire : un vent d'est chargé de nuages. Et Beragna redevint boueux. Heureux les lieux élevés, les terrasses de terre plus meuble où la pioche entrait comme dans la cendre.

En allant à Argela, il entendit un sifflement. Puis il vit un visage : Eraldo derrière un chêne.

– Qu'est-ce que tu fais là ? Ils sont tous dans leur cellier, on ne peut pas travailler.

Eraldo lui montra une route bleue au milieu des nuages.

– Dès qu'il cesse de pleuvoir, je sulfate. Les rosiers sont couverts de blanc. Avec cette humidité, il triomphe. Les moisissures se mettent sur les Hoover. Je regrette les Safrane et les Brune.

– Pourquoi les as-tu arrachés ? dit Leonardo.

Il les avait vus déracinés, se tordre sous le soleil, se consumer.

– Personne n'en voulait, même gratis.

– Et ces roses-là, ces Hoover, elles marchent ?

– Si l'étranger ne commande pas, ça pose des problèmes. On espère qu'elles prendront du prix pour la fête des Mères.

– Quand tombe-t-elle ?

– Le 8 mai.

– Il faut que je m'en souvienne.

– C'est une fête pour les vivants.

– Je ferai comme si elle était vivante.

– Viens boire.

– Je la ferai un peu revivre dans ma tête.

Il remercia pour le vin et poursuivit son chemin. A Argela, en effet, ils étaient tous dans leur cellier. L'auberge aussi était bondée.

– On glisse sur les chemins, dit quelqu'un, et on s'embourbe dans les champs.

– Si je pouvais avoir une campagne comme je les aime.

Personne ne comprenait à quoi il faisait allusion : à ces campagnes de minces terrasses, où aux jours de soleil les grillons venaient heurter votre visage.

– Reste un peu avec nous, à parler et à boire.

– Je resterais volontiers, mais j'ai à faire.

– Tu as l'air soucieux, comme si on t'avait déferré ton mulet.

– Vous n'avez pas de problèmes, vous.

– Toi tu te les crées.

– Peut-être que tu parles un peu trop, dit quelqu'un qui écoutait en continuant à jouer.

Le jeu était la belote, rapide et inutile.

Il sortit sur la place mouillée. Eraldo avait raison : une partie du ciel était dégagée, les bords d'un toit luisaient. Par terre les rigoles ralentissaient leur course. Il entra dans la boutique pour faire ses provisions.

Et sur les crêtes s'installa un beau temps qui était une insulte aux terrasses mal en point. Il semblait devoir resplendir pour l'éternité sur ces pauvres terres. Le rossignol arriva et prit possession d'un massif de chênes. Il lui fallait un espace bien à lui. Il fit ses exercices de chant diurne et nocturne. Il faisait encore des fautes dans les sons liquides, prolongés, et écourtait les roulades. Il perfectionnait une musique qui, peu à peu, animait les rochers. Au début il était encore fatigué du voyage. Ou peut-être était-ce un chant de nostalgie.

Leonardo s'aperçut que le sentier du ravin aux cytises épineux était truffé de collets pour les renards et les blaireaux. Il les défit un à un. Il maudit son voisin, un homme qui aimait les longues agonies.

Il monta dans la chênaie. Le terrain, griffé par endroits, était semé de petits pièges avec pour appât des vers de farine, dont le rossignol était friand. Il les ramassa et alla les jeter dans le puits. « Comment peut-on dire, pensait-il, que nous sommes faits de la même substance des rêves ? » La campagne du voisin était entièrement entourée de barbelés, défendue comme un fortin. Le propriétaire n'en sortait que pour opérer quelques razzias... Mais c'était un homme qui fuyait. Même armé, il n'osait affronter personne. Il couvait la méchanceté au plus profond de son être. Il lui arrivait de passer sa rancœur sur une plante, avec l'herbicide.

Chapitre douzième

– Merci d'avoir gardé la maison, dit Véronique.

– Ça m'a fait passer le temps.

– Moi aussi je te remercie, dit Alain. Véronique est arrivée quelques jours avant moi et m'a dit qu'elle avait trouvé le jardin arrosé.

– Au printemps les plantes ont soif. Il suffit d'un jour de vent et elles se fanent.

– Qu'as-tu fait pendant tout ce temps ?

– Rien de particulier, dit Leonardo. J'entretiens ma campagne comme je peux.

– Et ta jambe est guérie ?

– Je prends mon bâton par habitude.

Le bâton, étant en sorbier, avait de plus en plus de veines rosées.

– Si tu t'y habitues tu ne pourras plus t'en passer.

– Mais vous, où avez-vous été ?

– A Paris, à Marseille, à Nice. Mais nulle part on n'est aussi bien qu'ici.

– J'oubliais de vous dire qu'Eugenio est venu et qu'il est déjà reparti. Il a travaillé dans les oliviers et a laissé chez moi des tableaux inachevés.

– Il m'a peinte contre la mer, dit-elle.

– Quand cela ? demanda le mari.

Il la regardait avec tendresse.

– L'année dernière. Nous étions en juin.

– Les longues journées de juin...

– C'étaient des journées un peu venteuses. Vous vous souvenez ?

– Je ne me souviens pas, dit Leonardo. Mais je peux imaginer.

Il enviait le peintre, qui avait observé ce corps pendant des heures et des heures de lumière tandis que l'air tremblait sur les cailloux. Il regrettait de ne pas l'avoir fait parler, les soirs où il y était disposé. Peut-être avait-il vu quelque chose de très précis : l'arc allant de l'enfance à la mort. Ou peut-être, ébloui, n'avait-il rien vu.

Survint un couple qui habitait Vairara. Il était médecin, à la retraite après avoir connu des revers.

– Belle soirée ! dit la femme. Quelle joie de vous retrouver !

– Nous sommes restés absents plus longtemps que prévu, dit Véronique. Ce lieu nous a manqué. Où trouve-t-on de tels ciels ?

– Je me souviens, en Istrie. J'avais sept ou huit ans.

C'était une exilée d'Istrie, ou de Dalmatie. Elle en était partie enfant, avait-elle dit lors d'une autre rencontre.

– Elle ne fait que s'en souvenir, dit le médecin, elle les rêve peut-être.

– Quel mal y a-t-il ? demanda Leonardo.

– C'est qu'elle n'est pas complètement présente.

– Je ne serais pas présente si je ne les retrouvais pas ici.

Le médecin regarda sa femme avec surprise.

– C'est peut-être vrai, dit-il. Mais arrêtons cela, l'heure n'est plus aux souvenirs. Aucun de nous n'y a intérêt.

– D'accord, dit la femme, d'accord. Aujourd'hui je vis ici, avec toi.

Ses traits un peu lourds étaient disposés en lignes douces, un peu maternelles. L'opposé du visage de Véronique, si un visage peut être l'opposé d'un autre.

Un client entra. Il portait une veste de sport. Il avait les cheveux gris.

– Bonsoir à tous. J'ai fait un tour, le vallon est plein de clandestins.

– S'il est déjà plein à cette heure-ci, qu'est-ce que ce sera cette nuit !

– C'est une vraie ronde, ils vont partout, personne ne peut les arrêter, pas même le Père éternel.

– Nous sommes en sécurité ? demanda Véronique.

– Nous le sommes, lui dit son mari, sois tranquille.

– Toi, Leonardo, fais attention en retournant chez toi. Tu veux dormir chez nous ?

– Je connais le chemin, chaque tournant, chaque pierre.

Et cette nuit la lune devait être là, et puis il était armé. Il avait emporté son vieux pistolet à barillet, un peu lent, mais précis. Pas pour eux, pour ces clandestins, mais pour l'ennemi caché, dans le cas où il se montrerait, ou lui tendrait un guet-apens.

– Lorsque le peintre est parti, il ne t'a pas parlé de moi, il ne t'a laissé aucun message ?

– Il m'a simplement dit de toi qu'il avait raté ton portrait.

– C'est moi qui n'ai pas coopéré, j'ai fait ce qu'il fallait pour qu'il le rate.

– Quand on croit la tenir dans ses mains, elle s'échappe, dit le mari.

L'homme qui venait d'entrer s'était assis près d'eux, dans l'angle, entre deux fenêtres où le soir se posait. La mer avait un cordon de brumes.

« Le soir est long et délicat, pensait Leonardo, et son or est éparpillé. » L'hiver il était plus rapide. Il badigeonnait le ciel comme un mur et peignait avec des teintes fortes, sur fond de ténèbres. Mais l'heure était venue d'en finir avec ces histoires. Il avait plutôt besoin d'un lever de soleil.

– Vous n'avez pas idée du nombre de gens qui passent, dit l'homme en se penchant. Les Noirs vont par groupes, en bavardant à haute voix. Les Arabes vont en files silencieuses.

– L'Europe change de couleur, dit le professeur.

– Ça ne vous inquiète pas ?

– On voudrait que leur dieu ait connu le malheur.

– L'Europe, cela fait un bout de temps qu'elle a fait naufrage, dit Leonardo. Je ne sais pas où nous nous sommes trompés, à quel endroit.

– C'est à vous de le dire.

– Je ne peux pas le dire, je ne sais pas.

Le professeur reprit son discours :

– Ils ne se détachent pas de leurs origines sans traumatisme, ils n'ont pas vu Dieu mort.

On ne le comprenait pas très bien, peut-être avait-il sauté un passage. Mais il continua de parler sans se demander si les autres le suivaient.

– Vous avez vu la *Déposition* de Giotto ? Quel abandon. Et il y a des résurrections où ce sont les nuages qui ressuscitent. Apothéoses naturelles, transfert du sacré.

« Je dois faire attention, se dit Leonardo, je dois me taire. Les Français sont très forts à ce jeu. »

– Quel abandon, répétait le professeur, dans ce mort, alors que tout s'anime autour. Même l'azur a quelque chose qui va au-delà de l'azur et les anges semblent chanter. Il n'y a pas de tristesse.

Personne ne répondit. La conversation s'interrompit. Dehors, la dernière lumière se détachait difficilement d'un géranium.

Véronique renversa la tête pour regarder la serveuse qui était arrivée dans son dos. Elle lui effleurait le ventre de ses cheveux. La serveuse proposa un petit dîner.

– Pour l'instant nous continuons à boire, dit le professeur.

– Nous ne sommes pas encore au point comme restaurant. Si vous désirez quelque chose vous me le direz.

Et elle s'en alla du même pas feutré, aussi gracieusement qu'elle était venue.

– Que diriez-vous d'aller tous chez nous ? dit le médecin.

Il invita également l'homme qui avait parlé des clandestins. L'homme se présenta : il s'appelait Edelmiro, mais pour tout le monde il était Mire.

– Je suis Emanuele De Ferri, fit le médecin. Ma femme s'appelle Astra, oui c'est bien son nom. En Dalmatie ils étaient imaginatifs, d'une imagination qui faisait violence aux mots.

– Un jour, je devrai changer de nom, dit la femme.

Elle n'était pas vexée. Elle avait parlé en souriant. Elle avait un visage qui était toute tendresse, d'une vieillesse un peu rajeunie par des cheveux courts.

– Mais voyons, il est très beau, dit Leonardo avec un léger retard.

La serveuse était revenue. Elle avait apporté du vin, le meilleur qu'elle avait. Elle faisait tout ce qu'elle pouvait pour les retenir.

Le chemin du café à la maison des De Ferri était court. Véronique marchait en tête, et détachée. La nuit la recouvrait par moments. Astra, dans le jardin, alluma la lumière sur une rangée de géraniums. La mer, dans le fond, sous un précipice, émettait des lueurs. La construction était modeste, avec une partie en bois. « Ce n'est pas la marche tranquille d'une longue richesse », pensait Leonardo. Et, de l'escalier de l'entrée, il donna encore un coup d'œil à la mer.

Astra les conduisit dans un salon orné de peintures véristes : promontoires boisés, pêchers en fleur, enfants qui jouaient dans les ruelles. D'une vérité qui, regardée, disparaissait.

– Si nous faisons silence nous les entendrons passer, dit Mire.

– Et quand nous les aurons entendus, que se passera-t-il ? demanda Leonardo. – Il pensait qu'il en avait déjà vu et entendu beaucoup sur les sentiers, sur la mer. Et les atrocités qu'on lui avait racontées ! Des choses dont mieux valait ne pas parler, des choses qu'il avait eu du mal à croire : Juifs en fuite, dévalisés et jetés à la mer par un passeur en 1938 ou 1939, bergers égorgés dans leurs mazets par des gens en transit. – On serait mieux ailleurs que sur la frontière, se borna-t-il à dire. Ou peut-être le monde entier est-il pareil.

– Je suis mieux ici que via Martiri à San Remo, dit Astra.

– N'en parlons pas. Là-bas c'est un vrai bagne.

C'était un quartier construit par un député qui possédait les terrains le long d'un torrent. Naturellement le torrent avait été couvert.

– J'y suis restée dix ans, dit-elle. Ma mère me disait : « Ne te plains pas, on est encore heureuses d'avoir trouvé ça. » Elle était serveuse. Si ici, à Vairara, ils rénovent le cimetière, j'y transporterai ses ossements.

– Tant d'attachement à ce rocher vous fait honneur. Mais ils ne remettront à neuf le cimetière que pour faire de la spéculation sur les tombes ou les niches des morts.

– Comme ça, ils le détruiraient ! Adieu genêts, adieu romarins.

– Pour l'instant il est sauf, avec ses tombes violées.

– Ces pilleurs de tombes, dit Mire, je les pendrais par les pieds !

– Malheureusement les premières fois ils ont trouvé quelques alliances.

– Chercheurs d'un eldorado imaginaire, dit le professeur.

Et il tendit la main vers les cheveux de sa femme.

A aucun moment elle n'était intervenue dans la discussion, elle pensait à autre chose. A son histoire avec son jeune ami ? Elle dansait dans les ruines ?

« Je dois admettre que ce Mire me plaît. C'est un type décidé et il ne se fait pas d'illusions, il comprend au vol. Il sait que le monde est dominé par la destruction et l'homicide. Moi je ne parle pas. Si j'ouvre le livre je ne pourrai plus m'arrêter. »

– A quoi penses-tu ? lui demanda Véronique.

– A un monde agréable.

– Si nous nous taisons, nous les entendrons passer, dit de nouveau Mire.
– C'est une invasion silencieuse, dit Leonardo. Sauf qu'il n'y a plus rien à prendre.
– C'est vrai qu'aujourd'hui il y a bien peu à prendre.
– Le rivage est déjà pris par les mafias, la capitainerie du port est complice ; les hauteurs aussi, les maires et *tutti quanti* sont complices.
– Les mafias vous font peur ?
– A mon âge ! dit Leonardo.
« Il n'y a plus d'avenir, pensait-il, je crains les remords, les choses qui font semblant de s'en aller, puis qui reviennent et vous dévorent le cœur. Je n'ai que ces soirs qui vont de l'or au rose, à la gamme des gris, ces préludes à un plus grand passage. »
Il ne réussissait pas à voir au-dehors si le ciel était nuageux sur les pins ou s'il débordait d'étoiles.

Astra les invita à passer dans la cuisine. Fenêtre ouverte et odeur de glycine fanée ; peut-être de chèvrefeuille. D'autres tableaux aux murs, d'un autre genre, avec d'autres sujets : filles déguenillées et belles, garçons en loques ; les pauvres vus par des gens de cœur au regard bon, visages rêveurs, yeux immenses.
– Ils sont beaux ces tableaux, dit Leonardo.
Alain fit non de la tête.
– On voyait ces jeunes-là autrefois, dit Astra. Pas comme aujourd'hui, prêts à tuer impunément pour le compte des grands.
– Élevés et recrutés pour cela.
– Restons modérés, dit Leonardo. – Mais pouvaient-ils l'être davantage ? Du coup tout le monde se taisait. – Où en étions-nous demeurés ? demanda-t-il.
Il s'était tourné vers Alain, qui semblait somnoler.
– Quand ?
– Avant que vous partiez.

Le professeur ne se secoua pas de son inertie.

– Dis-le toi, Véronique.

– Où nous en étions ? dit-elle un peu troublée. – Puis elle prit un air serein, marqué par son habituelle froideur. – Nous en étions à Mitterrand mourant.

– Maintenant il est mort, maintenant ça y est, dit le professeur, maintenant c'est l'éternité qui le travaille pour toujours. « *Tel qu'en lui-même enfin l'éternité le change* », cita-t-il.

– Il m'a émue, dit-elle. – Et elle gardait, en parlant, son air marmoréen. – Cette manière d'affronter la douleur, l'apparition d'une fille... elle était belle comme un sphinx, il l'emmenait en Égypte... le chien qui suivait les funérailles, le retour dans son village en fourgon mortuaire.

Leonardo la regardait, en pensant qu'elle était familière avec la mort, les trépassés.

– Quelle mise en scène ! dit-il. Il a tenu sa vie en main jusqu'au seuil de l'autre monde, il a révélé un passé peu glorieux, dans la tentative toute française de jeter de la lumière avant de disparaître.

– C'est vrai, dit le professeur, c'est lui qui a suscité les révélations. Mais on ne peut pas tout racheter. Il y aura toujours une ligne de démarcation.

– Pour moi, il a tenté de faire la lumière... Il a lancé son défi.

– Oui, mais il n'était pas un chasseur de papillons dorés, même s'il y a eu quelques fables là-dessus.

– Il pouvait mourir doucement, au lieu de...

– Au lieu de quoi ?

– Je préfère ne plus parler. Je n'arrive pas à comprendre. A-t-il voulu vraiment lancer un défi, ou polir et adoucir son image ? On ne peut comprendre la pensée d'un homme qui s'approche de certains seuils. Veut-il conclure harmonieusement ? Ou tout laisser dans l'inachevé, couper, pour ainsi dire ?

– Tu le disais bien, tout à l'heure. Il pouvait s'en aller doucement, avec l'aide de beaucoup de morphine. Mais il existe des devoirs.

– C'est l'avenir qui fera la lumière.

On entendit des bruits, des pas, aucun cri. Véronique se leva, alla à la fenêtre : dans l'encadrement, son profil sur le fond nocturne, sur les étoiles lointaines. Comme la vie était simple ! Un profil de femme, une étoile qui l'effleurait, et tout problème disparaissait. Peu importait qu'elle fût infidèle, ou de glace.

– On ne voit rien, dit-elle.

– On voit quelque chose, dit Leonardo.

Et pour ne pas révéler que c'était elle que l'on voyait se découper contre le ciel, il dit que la forme dentelée au-dessus des rochers était un bois lumineux, où en hiver, profitant du soleil et de l'air humide de la mer, poussaient les lactaires rouges, les derniers champignons de toute la région.

« Maintenant, comment les faire bouger ? pensait-il. Maintenant qu'Astra leur a donné à manger, ils vont rester jusqu'au matin. C'est peut-être mieux pour moi. Chaque nuit peut être la dernière. »

– Où habitez-vous ? demanda-t-il à Mire.

– Au-dessous, sur la mer. Mais mon village est Rocchetta Nervina. J'ai vendu chèvres et oliviers pour acheter un restaurant.

– Rocchetta, village de contrebandiers. Ils mettaient des manteaux blancs, pour ressembler à des moines. A l'époque on ne risquait pas la mort sur les sentiers.

– Et vous, où habitez-vous ?

– Avez-vous jamais entendu parler de Beragna ?

– Un homme de Beragna montait à Rocchetta. Il venait aux grives.

– Quel chien avait-il ?

– Un chien blanc et noir.

– C'était mon père et le chien était un setter.

– Un vrai brave homme.
– C'est ce qu'on disait.
– Vous ne le savez pas ?
– Nous ne nous parlions pas.
Véronique était entre eux et écoutait.
– Moi non plus, mon père ne m'a pas beaucoup parlé, dit-elle. Il était violoniste en Picardie et il est parti quand j'avais trois ans.
– Il est parti, tu veux dire qu'il est mort ?
– Ma mère est morte et il est parti. C'est ma grand-mère qui m'a élevée. Je suis restée avec elle tant qu'elle a vécu.
– Au moins avec une grand-mère on ne se dispute pas.
– Elle était belle et un peu voûtée. On ne pouvait pas la regarder sans émotion.
– Elle était comme ma femme, dit Alain qui, lorsque celle-ci parlait, ne perdait jamais un mot.
– Ne l'écoutez pas, dit-elle. Elle était plus en chair, elle était plus forte. Elle en avait subi, des épreuves. Elle était partie de Varsovie à dix-huit ans, le jour de l'entrée des Allemands. Un diplomate qui s'était amouraché d'elle l'a emmenée à Rome. Puis elle est allée en Amérique. Et après la guerre elle est venue en France où elle a acheté une église désaffectée.
– Et ta mère, comment était-elle ?
– Je ne me souviens pas de ma mère. Elle est morte quand j'avais deux ans.
Dehors on entendit des hurlements. Ils venaient de loin, des à-pic étoilés.
– Ne vous alarmez pas, dit Mire, ce sont les Noirs qui se défendent en criant quand les Arabes les dépouillent. Ils crient, et c'est tout.
– Il faudrait intervenir, il faudrait faire quelque chose, dit Astra.
– Demain nous entendrons la rengaine habituelle, des gens poignardés sur les chemins, dit Leonardo.
– Des couteaux comme des astres définitifs, dit Alain.

Maintenant c'était à lui de parler, parce que Mire lui avait demandé ce qu'il faisait dans la vie, et Véronique si la floraison des mimosas durait encore et si celle des oliviers avait commencé.

– Les mimosas, cela fait un certain temps qu'ils sont fanés et j'en ai déjà coupé une bonne partie, dit-il. Les oliviers commencent à fleurir en ce moment et c'est une bonne année pour les fleurs. Mais on ne sait pas si elles tiendront.

Ils lui demandèrent s'il avait beaucoup de mimosas.

– Aujourd'hui j'en ai deux cents, mais autrefois j'en avais trois fois plus, un vrai bois. Ils ont gelé en 85.

– Vous ne m'apprenez rien, dit Mire, chez nous à Rocchetta ils sont tous partis et plusieurs oliviers sont morts jusqu'à la souche.

– Qui sait quels tourments ont endurés tous ces mimosas morts ! dit Astra.

– Je les entendais craquer à mesure qu'ils gelaient. Ils crépitaient chargés de neige sous le ciel bleu.

– Vous ne m'apprenez rien, dit encore Mire, avec le beau temps le froid augmente et donne le coup de grâce.

– D'abord la neige et ensuite du beau temps, un ciel comme un miroir. Je vous laisse imaginer.

– On ne pouvait pas la secouer ?

– Là où je l'ai fait le résultat a été pire. Il ne faut jamais secouer la neige, elle protège un peu.

– Ça devait être un spectacle, tout ce bois.

– Une belle désolation, un paysage d'enfer.

– Je veux dire quand ils étaient vivants. Tout cet or sur la colline.

– Mais aussi, peut-être, quelques éclairs, quand le vent les agitait. Prenez une fleur d'amandier : dedans c'est l'obscurité. Tous nos arbustes fleurissent avec pudeur. Sur les mimosas il se forme un voile épais qui brille même quand il n'y a pas de soleil. Derrière on ne voit rien, le regard ne passe pas.

– Arrête, ne t'acharne pas, dit Alain en souriant. Tu montres la rancœur que tout père a pour le fils qui l'a trahi.

– Non, ce n'est pas ça du tout, dit Leonardo. Transportés ici d'Australie, ils ne sont pas responsables de leur mort.

– Il faut bien mourir de quelque chose.

– Ils viennent d'Australie ? demanda Astra.

– Oui madame, du sous-bois australien.

– Que reste-t-il à un paysan vaincu ? demanda Alain.

– Il y a une promesse d'immortalité pour l'homme qui s'est amalgamé au sol : certes comme tous il retourne à la terre, mais lui n'en est jamais tout à fait sorti.

– En voilà une réponse.

– Je t'ai répondu comme je pouvais.

« J'ai trop parlé, pensait-il, si la veillée continue je ne sais pas de quoi nous finirons par parler. Et toi qui me regardes avec ces yeux, qui veux-tu émouvoir ? » Il observait le garçon sur la plage : chargé de filets qu'il remontait de la barque, il s'en drapait par-dessus ses haillons. Le tableau était accroché au-dessus d'une console où étaient posées des fleurs séchées. Le garçon exprimait la souffrance, et la mer le luxe.

Il voyait d'autres garçons, chargés de pignes, de sacs d'olives, de terribles dames-jeannes dans les ruelles d'Argela. D'autres yeux, que la fatigue dilatait. « Si je regarde là-bas, si je regarde ce temps-là, l'effroi me prend. »

Au fond, le garçon aux filets était presque gai en comparaison des tableaux que lui apportait le souvenir. « Ces visages usés à quinze ans, souliers déchirés, chevilles nues. » Et quand ils allaient pieds nus sur le givre ?

Un peu de clarté frappa aux vitres.

– C'est une belle journée qui s'annonce, une journée venteuse.

– Comment faites-vous pour aimer le vent ? dit Astra. Quand il fait du vent je me réfugie chez moi.

– Moi au contraire je l'adore, dit Véronique. J'aime le sentir sur moi même quand il fait froid.

Ils sortirent et regardèrent en silence, alignés comme des moines. Le ciel, à l'orient, s'élargissait. La vallée n'émergeait pas encore de l'obscurité. Mais le village au nord, sur une mince crête, était comme un clavier. Il s'allumait maison par maison. Et ici, autour d'eux, sur le rocher de Beragna, la terre bougeait. On voyait apparaître des oliviers qui s'accordaient aux murs et des murs qui s'accordaient aux rocs.

– Qu'est-ce qu'on fait ?

– Il ne nous reste plus qu'à nous en aller, dit Leonardo.

– Je suis content d'avoir fait votre connaissance, dit Mire. J'ai passé une belle nuit. Je me suis retrouvé si souvent avec votre père, à l'aube. Il tirait bien les grives, au vol ou à l'arrêt.

– Espérons que nous nous reverrons.

– Ce sont les montagnes qui ne se rencontrent jamais.

Véronique regarda le bâton de vieux sorbier.

– Comment va la blessure ? demanda-t-elle.

– Je suis guéri, dit-il.

Et il se souvint des anciens du village, dont les genoux annonçaient le temps.

– Nous avons passé une nuit un peu étrange.

– J'aime bien t'écouter.

– Tu ne t'es pas ennuyé ?

– Tu as été légère, rapide. Je voudrais t'entendre encore.

– Tu es gentil. J'ai été superficielle et avec toi je voudrais ne jamais l'être.

Le vent forcissait. La rafale fouettait un myrte contre un bloc de rocher. Il y avait de l'or, maintenant, il s'insinuait partout, la robe noire de Véronique en était ourlée. « Quel visage, en ce moment. Comme il s'affine ! » Un récif de lumière était apparu sur les collines d'orient.

– C'est l'heure de m'en aller. Je vous souhaite le bonjour.

Astra lui sourit.

– J'aimerais vous donner un de nos tableaux, j'ai vu que vous les regardiez.

– Merci pour cette pensée.

Chapitre treizième

Véronique arriva chez Leonardo au début de l'après-midi. A cette heure-là sa campagne était encore en plein soleil. Le vent d'est avait tourné et venait maintenant de la mer. Il prenait la vallée en enfilade et faisait briller l'argent d'oliviers aux branches retournées vers les montagnes.

– J'aime tous les vents, dit-elle.

– C'est la seule chose vivante ici.

– Et les passants de la nuit ?

– Ceux qui détruisent par affairisme et par profession sont bien vivants eux aussi, dit-il, non sans se sentir un peu mesquin.

– Les gens les supportent ?

– Souvent ils les admirent.

– Tu sais ce que dit mon mari quand je me plains ?

– Comment le saurais-je ?

– Que les choses changent plus vite que notre imagination.

– J'aurais dû deviner. Mais c'est une façon de se consoler. Ici des caps rocheux, des palmeraies et des oliveraies séculaires ont disparu, dit-il. Mais on peut aussi ignorer ce gouffre, comme s'il ne se passait rien.

Tout comme il le faisait, d'ailleurs, lui qui regardait une plante et la mer couleur turquoise bousculés par le vent. « J'oublie, se disait-il, j'oublie. »

Ils étaient sur un sentier près d'un ruisseau qui avait creusé les terrasses. Quand il pleuvait l'eau y coulait à flots, mais en ce moment le fond était presque sec. La tête d'une couleuvre émergeait d'une flaque. Et une herbacée, entre les pierres du bord, dressait un épi vers l'azur. L'épi était délicat.

Il s'aperçut qu'elle la regardait aussi.

– Elle repousse tous les ans et je ne connais pas son nom.

– Il y a tant de choses dont on ne sait pas le nom, dit-elle.

Elle s'appuyait au tronc d'un olivier, une main posée sur le lichen. Sous la masse des cheveux, en courtes vagues, les yeux étaient grands et immobiles. Ils scrutaient le lointain. Ou peut-être non, peut-être ne fixaient-ils rien. « A quoi me fait-elle penser ? se demandait-il. Voilà, elle a un air silencieux et froid, elle semble neige et silence. »

Ils ne bougeaient pas et le soleil s'en allait, décollé du rocher. Et entre le rocher et les chênes les hirondelles tissaient l'azur. Elles avaient laissé les toits d'Argela pour ces roches. Quelques ailes, plus hautes, semblaient prendre feu.

– L'idée est d'Alain, dit-elle. – Et baissant la voix, comme pour s'excuser : – Je suis sa messagère. Demain nous avons un invité que tu dois absolument connaître. Tu me promets de venir ?

– Et qui est-ce ? demanda-t-il, pris d'impatience, mais sans surprise.

Venant d'elle, rien ne pouvait le surprendre. Elle avait toujours trop de gentillesse.

Le lendemain, tandis qu'il se mettait en route, des choses lui venaient à l'esprit, et il se les disait. « On t'a tiré dessus avec prudence, et peut-être par erreur. Pourquoi ne travailles-tu pas au lieu de marcher ? » Il y avait ses murs qui avaient besoin d'être refaits et se doraient au soleil. Cela faisait des années qu'il ne faisait pas une réparation. « C'est une manie française, se disait-il, que de provoquer des rencontres : "*fraternité*" mal comprise. Mais le chemin est beau et d'ici peu la mer me remplira les yeux de sa lumière. »

Au contraire, elle était opaque, une brume la couvrait. Brume de printemps. Elle était mieux l'hiver avec sa splendeur minérale de jours brefs, mais de lumière prolongée.

Au pied du rocher, la maison de Véronique semblait naviguer sur la blancheur.

Il les trouva dans le jardin. Ils étaient nombreux. Ils lui présentèrent un homme à l'allure d'officier britannique, officier en retraite. Il était français et s'appelait Albert, Albert Corbières. Dans les soixante-dix ans, grand et mince, les yeux vifs.

– Je suis content de vous connaître. Je voudrais des nouvelles de votre village. Je peux dire que je l'ai aimé et que je me souviens encore de lui, de ses roses.

– Quand était-ce ?

– En 1945.

– Après la guerre ?

– Si on veut. Je suis venu le conquérir, ou le libérer, si vous préférez.

– Je crois qu'il n'est plus comme dans votre souvenir.

– Certainement pas. Rien en Europe n'est plus comme alors. C'était une Europe couverte de ruines. J'étais sous-lieutenant et j'ai été heureux dans votre village. Argela. Nous l'avions déjà appelé Argèle-les-Rosiers.

– Merci pour ce beau nom. Qui l'a trouvé ?

– C'est moi qui l'ai suggéré. Nous devions trouver les noms pour le *rattachement*.

– Annexion à quoi ?

– A la Provence, à la France. Vous n'étiez pas d'accord ?

– J'étais petit. Je m'en souviens comme d'un rêve. Un de mes oncles était un francophile fervent. Quand Paris était tombé, il avait pleuré.

– Donc vous n'aviez rien contre nous.

– *Jamais de la vie !* Mais vous pouviez changer tous les noms que vous vouliez, il serait toujours resté le pays de la faim : quatre rochers et rien d'autre. Je ne dis pas, il pouvait aussi y avoir quelques soirées agréables, avec le grand remue-ménage du ciel. Et des roses que le vent agitait sur les pierres dans les soirées perdues.

– Halte là ! Se dénigrer ne sert à rien, dit l'officier en levant une main belle et décharnée.

– Est-ce un *rappel à l'ordre* ? Je dois reconnaître qu'il y avait des troupeaux de chèvres et de moutons, et quelque soixante-dix mulets pour trois cents âmes. Est-il vrai que la France protège l'élevage des moutons et que l'agriculture y refleurit ?

– Plus ou moins.

– Ici c'est un désastre.

Pendant qu'ils parlaient, Véronique gardait la main sur son ventre, comme une sainte des temps anciens. Elle écoutait avec un léger sourire.

– Mes amis, dit-elle, mieux vaut arrêter. La mémoire est lourde, elle fait sentir le remords du temps perdu. – Et à Corbières, en tendant une main vers son épaule : – Va à cet Argela, comme ça tu le verras.

Leonardo en profita pour proposer d'y aller tous dîner.

– Je veux m'en approcher petit à petit, dit l'officier.

Il semblait parler sérieusement.

– Pourquoi tant de prudence pour un village comme celui-là ?

– C'est un village que j'ai conquis, dit Corbières avec un sourire, il y a de cela cinquante ans. Avant, je veux passer ce rocher lentement, je veux aller le voir de là-haut.

– On ne monte pas là-haut facilement. Il y a seulement un sentier tout en marches, plein de terriers de renards. Il faut s'agripper aux buissons. Mais je le connais bien, si vous voulez je vous accompagnerai : le rocher arrive jusqu'à mes oliviers.

– Si vous m'accompagnez, nous y monterons ensemble demain.

– Si vous voulez de moi, j'irai aussi, dit Véronique.

La brume se déchirait et sous les rochers la mer était d'argent.

Ils descendirent au café par un chemin muletier jonché de feuilles arrachées aux myrtes par le vent. Corbières demanda comment s'appelait cet endroit.

– Il n'a pas de nom. Ce groupe de constructions, au-dessous, s'appelle Case a occidente. Autrefois il y avait des masures et le lieu s'appelait Vairara.

– Il était habité ?

– Bien sûr qu'il était habité. Mais que voulez-vous ! L'eau manquait en été et celui qui le pouvait s'évadait. En hiver les bergers y descendaient.

Ils étaient sur la terrasse et Mire arriva essoufflé, jeta sa veste sur une chaise.

– Elle est lourde. L'autre matin j'avais froid. Vous êtes-vous aperçus que le printemps est terminé ? Vous êtes tous là, je m'en doutais, avec vous je me sens bien.

– Il manque seulement mon mari, dit Astra, mais il viendra.

Elle s'était tue jusqu'à maintenant, en gardant un air aimable ; elle semblait pétrie de terre et de pollens, et non taillée dans le marbre qui fait souffrir. « Est-ce que les choses de l'autre jour vont se répéter ? » se demandait Leonardo.

Oui, les choses se répétaient. Et tout le groupe, cette brigade, se rendit de nouveau dans la maison d'Astra, s'arrêta pour parler dans le verger. Leonardo regardait les maisons construites depuis peu et pensait aux disparus qui avaient cultivé ces champs caillouteux. Il revoyait les fenils fissurés, les bergeries. « Que voulez-vous, ils sont partis », pensait-il. La mer s'était libérée. De là-bas montaient crêtes sur crêtes ; elles allaient se polir au loin, vers la Cima Marta brumeuse, où le ciel ne parvenait pas à se démêler de l'or qui s'y posait.

– Alors, vous restez dîner ?

– Pour moi, je suis d'accord, dit Leonardo. Mais je ne voudrais pas abuser et j'aimerais un jour vous inviter à mon tour.

Il avait trouvé une compagnie qui lui plaisait, une bande de rescapés. « Mais rescapés de quoi ? » se demandait-il.

D'une voiture dans le tournant parvint un bruit d'enfer : percussions d'une stéréo poussée à plein volume. Quelqu'un dit qu'ils allaient au café, qu'ils allaient chez Carla. Et Véronique ajouta que Carla savait les tenir à distance. Le chêne sur le bord du jardin se doublait d'ombres lumineuses. Le soir venait.

– L'Estérel est bleu foncé, dit Véronique. C'est étrange comme ces montagnes suivent en retard la couleur de la mer.

Le massif se découpait, limpide, sur l'eau qui s'enflammait.

– Elle était pleine de jeunes, cette voiture, dit Astra.

– Ça se comprenait à la musique, dit Véronique. – Puis se tournant vers Leonardo : – Qu'est-ce que tu en penses, toi, des jeunes ?

Leonardo dit qu'il n'en pensait rien, qu'il ne fallait pas les juger en bloc.

– Moi, il me semble qu'ils ne savent ni réfléchir ni penser.

– D'accord, Véronique. Mais il vaut mieux ne pas créer d'abîmes. On commence avec les générations et on finit avec les races. Je ne suis certainement pas le plus compétent pour en parler. Je me sens plus proche de ceux qui ont consumé leur vie sur ces terrasses.

– Bien dit, monsieur ! dit Corbières. Les abîmes, on risque d'y tomber.

– Je ne sais pas. Peut-être Véronique a-t-elle raison. On n'en peut plus de ces jeunes, on en entend trop parler : les jeunes et la drogue, les jeunes et la nouvelle musique, les jeunes et leurs problèmes.

– L'humanité a toujours inventé des binômes. Personne n'a jamais réussi à la faire penser.

Dans le soir qui s'éteignait brillait la demi-lune entourée d'étoiles.

– Ce sera une nuit de passages, les sentiers sont bien visibles, les passeurs sont tous au travail.

– Personne ne les arrête ?

– Personne. Il y a tout un monde nocturne et souterrain.

« Il y a toujours eu deux mondes », pensait Leonardo.

Ils entendirent des pas, presque un froissement.

– Qui est-ce ? demanda Corbières.

– Écoutons. Je ne comprends pas encore dans quel sens ils vont... Ils vont de l'autre côté, ce doit être ces Kurdes.

– La France se remplit de ces barbares de montagne, dit Corbières. – Puis il ajouta : – Ce n'est pas si mal. Ces gens-là savent ne compter que sur eux-mêmes.

Leonardo dit qu'ils étaient tristes et silencieux. Les femmes étaient enveloppées dans de longs châles, la tête baissée.

– Kissinger les a sacrifiés, dit encore Corbières, pour avoir le pétrole irakien. Il disait que la politique n'est pas une œuvre de missionnaires.

Puis il se lança dans un long discours : campagnes d'extermination, peuples que le monde n'entendait pas. Tous tiraient sur les Kurdes et ils se tiraient aussi dessus entre eux.

On entendit encore des pas, tandis que les premiers s'évanouissaient.

– Vous êtes sûr que ce sont des Kurdes ?

– Il y a quelque temps ils étaient chez moi, ils ont dormi sous mes oliviers. Ils ont allumé un feu.

– Il se passe plein de choses chez toi, dit Véronique. Pourquoi ne dis-tu pas qu'on t'a tiré dessus.

– On t'a tiré dessus ? demanda Corbières. – Sans s'en apercevoir, il était passé au tu. – Pour quelle raison ? Et qui était-ce ?

– Je ne sais pas. J'ai cherché. N'en parlons plus.

– Peut-être que tu crois avoir cherché.

– J'y ai réfléchi, moi aussi, dit Alain.

– Toi ? Toi qui rêvais même en plein combat ? riposta Corbières.

« Ils ont dû être compagnons d'armes, pensa Leonardo, malgré la différence d'âge. »

La lune s'était posée sur une roche. Le groupe d'étoiles était resté plus à l'orient. Il marchait avec plus de lenteur.

– Nous passons tous à la cuisine ? dit Astra.

Ils s'installèrent autour d'une grande table.

– Je regrette la véranda, dit Véronique. – Elle parlait à Leonardo à mi-voix. – Cette lune, ces étoiles. On voyait même un peu de mer.

Et puis de nouveau des pas, des froissements de broussailles et un chuchotement. Un transit secret auquel les sommets servaient de sentinelles lunaires.

– Cette fois qui est-ce ?

– Ils entrent en Italie. Ce sont des Arabes et des Noirs.

– Chez toi aussi c'est comme ça ?

– Chez moi n'arrivent que ceux qui se sont trompés de chemin. Ou, qui sait, qui veulent peut-être se reposer.

« Il y a deux Ligurie, pensait-il. Une côtière avec des trafics de drogue, envahie et massacrée par les constructions, et une autre montagnarde, une sorte de Castille encore austère ; je suis à la frontière des deux. »

Un peu plus tard, un autre groupe traversa la colline.

– Mais c'est une vraie calamité, dit Corbières.

– Il peut se faire qu'ils en deviennent une un peu plus loin. Mais ici ils sont inoffensifs, ils ont peur. Il faut rester un peu sur ses gardes, ça oui. Ils vous regardent, ils vous scrutent, puis ils baissent les yeux et s'en vont. Quelques naïfs vous demandent de les conduire à Gênes en voiture. Ils croient que Gênes est tout près.

Il passa une main sur les contours de l'ombre des cheveux projetée sur la table. « Une vague », pensa-t-il. Assise à côté de lui, Véronique était voyage et rêve. Personne ne s'en apercevait. Mais elle dut s'en apercevoir, car elle secoua la tête et l'ombre dansa.

Ils se tournèrent tous les deux et se regardèrent droit dans les yeux.

– Quelle étrange soirée, dit-elle, à la merci des gens qui passent.

– Où voudrais-tu être ? Dans ton église désaffectée ?

– Ce n'était pas une église, c'était une bastide dans les Cévennes.

– Et ta grand-mère n'était pas polonaise ?

– Ce soir-là j'avais envie d'avoir une grand-mère comme ça. J'ai bien eu un père violoniste, mais c'était un violoniste amateur. Si tu avais entendu comment il jouait ! Il est mort quand j'étais petite.

– Je suis lent à passer d'une histoire à une autre. Tu resteras longtemps la petite-fille d'une Polonaise.

– Tu es allé dans les Cévennes ?

– Eh ! vous là-bas ! Qu'est-ce que vous vous racontez ? dit Alain. Pourquoi ne parlez-vous pas à haute voix ?

– Nous parlions de morts, dit-elle.

Puis elle demanda de nouveau à Leonardo (cette fois elle ne chuchotait pas) s'il était allé dans les Cévennes.

– Je n'ai pas la chance de les connaître.

– Tu aurais vu les plus beaux versants jaunes et violets, les plus belles pierres du monde sur les causses.

– Nous sommes ici parce qu'elle est tombée amoureuse des rochers, dit Alain. Et moi je l'ai suivie.

– Tu t'en repens ?

– Non, je ne m'en repens pas.

Elle tendit la main par-dessus la table pour la poser sur la paume de celle d'Alain.

Corbières demanda comment étaient les officiers italiens, s'ils avaient du courage, de la compétence, de la culture. Il n'y avait que lui pour avoir l'idée de poser une telle question.

– La caste militaire est morte en septembre 1943.

– Je voudrais savoir s'ils sont de parole.

– Ce mois de septembre-là, les généraux se sont enfuis.

On frappa à la porte : des coups légers. Corbières se leva et Leonardo le suivit. Ils regardèrent les terrasses dans le poudroiement de la lune. Puis ils rentrèrent.

– Qui était-ce ?

– Personne. Il y a une clochette dehors, elle aurait sonné.

– Vos propos m'intéressaient, dit Alain. Pourquoi ne les reprenez-vous pas ? Les armées font aussi partie du corps malade de l'humanité.

Véronique demanda à l'improviste s'il y avait encore de la lumière au café. Leonardo revit la lumière à la baie vitrée, la rangée de rochers.

– Oui, il y en a encore, dit-il.

– Je me fais du souci. Quelqu'un m'accompagne ?

Leonardo l'accompagna.

– Il y a trop d'orgueil chez Corbières, dit-elle à mi-voix sur la route. Il était capitaine en Algérie et mon mari était du contingent. Il était trop jeune. Beaucoup de sa génération veulent oublier. Ils se sont mis à aimer les pays lointains ; d'autres, comme Alain, s'ils le peuvent, vivent en Toscane, en Ligurie, en Andalousie. Une sorte de diaspora par sentiment de culpabilité.

– Si je pouvais je l'aiderais, dit Leonardo.

« On ne sait jamais ce qu'il faut faire », pensait-il. Alain, lui au moins, était accompagné par une femme qui sous l'éclat de la lune, sur les cailloux du chemin, était repos et rêve.

Chapitre quatorzième

Ils s'éloignèrent de la fenêtre du café. Ils trébuchèrent sur les cailloux. La lune se cachait derrière un pin.

– Suis les lentisques, dit Leonardo, ne nous perdons pas.

Les ombres sculptaient les terres. La mer au fond avait une route claire.

– Ce n'est pas tant ce qu'elle faisait que son visage...

– Qu'est-ce qu'il avait ? Il était plein de désir ?

– C'était comme si elle planait.

Ils l'avaient trouvée avec deux garçons : l'un l'embrassait, l'autre la caressait. Elle tenait sa jupe remontée jusqu'à la ceinture. Sur le bleu des broderies, la main était blanche, nerveuse.

– Pourquoi te tourmenter ? Tu es jalouse ? Nous aurions dû téléphoner, dit-il.

Mais il avait l'impression qu'au fond Véronique s'y attendait.

– Encore heureux que nous ayons regardé avant d'entrer... Pensons à autre chose.

On voyait des chemins partout, des sentiers perdus, des rochers, la lune maintenant détachée du groupe d'étoiles qui, plus tôt dans la soirée, l'accompagnait. Il y avait des gouffres lumineux et des gouffres obscurs.

– Ce serait beau, ici, si c'était tranquille.

Un bruit monta du versant sous le chemin. Un sanglier ou un chasseur. A Argela il y avait toujours au moins un sanglier couché sur un banc des celliers, blessures béantes et babines contractées. Ce pouvait être aussi quelqu'un qui s'était perdu ou qui se cachait.

Véronique s'était arrêtée.

– Tu me veux ? Tu me veux ici, tout de suite ?

– Là-bas ils doivent être inquiets, dit-il.

– Tu crains peut-être que je ne m'offre par dépit. Mais ce n'est pas vrai.

– Tu peux venir chez moi, un de ces jours. Désormais tu connais le chemin, dit-il.

Maintenant Carla, qui se donnait dans le café, lui réapparaissait dans un espace plus vaste, dans un abîme somptueux, où seule une jeune femme pouvait se tenir avec grâce. « Son tourment, pensait-il, était veiné de joie. »

Sauf le contour du sommet, la terre était dans le noir, mais la mer était encore lumineuse. La brise soufflait de la montagne.

– Tout va bien, au café ?

– Tout va bien, dit Leonardo.

Astra leur demanda ce qu'ils voulaient boire.

– Un cognac, juste une goutte, dit Véronique.

– Et vous, Leonardo, qu'est-ce que vous buvez ?

– Un cognac aussi pour moi.

– Nous menons une drôle de vie, ces temps-ci.

– Et vous, Mire, vous ne buvez pas ?

– Pour ce qui est de boire, je ne crains personne, dit Mire d'une voix traînante. Qu'attendons-nous ? Que le temps passe ? Pendant qu'il passe il y en a qui sont allés se promener.

Leonardo ne dit rien. « Il est jaloux, pensait-il, la beauté de Véronique lui a tourné la tête. Elle a des tons, des lueurs qui séduisent à l'improviste. » Dehors la nuit était devenue silencieuse. Elle avait digéré sa ration de clandestins. « Faisons de la nuit le jour », pensa-t-il encore. Et d'autres nuits lui revenaient à l'esprit : il était devant le poêle, après avoir mangé son pain chauffé sur les braises, il écoutait le crépitement de la bûche qui brûlait, la brise qui bruissait dehors, et le sourd tassement d'une pierre dans les murs des terrasses ; et depuis des heures qu'il était là à écouter, il lui semblait entendre le chant funèbre de la terre, sans cadence et sans son. « Je suis mieux ici, fut sa conclusion, à attendre que quelqu'un me ramène chez moi. »

Astra s'affairait devant sa cuisinière. Elle préparait une décoction de sauge et de romarin. Elle y ajoutait l'écorce d'un citron. Puis elle posa le citron pelé sur le buffet, près d'un bouquet de pavots. Ce furent ces pavots qui reflétèrent les premiers la lumière du jour qui pointait.

– Passez dans la véranda, dit-elle.

De l'autre côté des vitres les ors et les argents montaient déjà à l'assaut de la terre, rampaient sur le sol, grimpaient le long de la montagne, même si le gris prédominait. Puis le faste de l'azur vif fit vibrer tout ce qu'il touchait.

Sur ce versant éclairé, un homme se traînait. Une tunique lui arrivait presque jusqu'aux pieds. Il portait sur un bras un être vivant emmitouflé et s'accrochait aux buissons pour rejoindre le sentier. Il posa son fardeau sous le chêne qui s'animait dans la lumière et le vent.

Astra et Leonardo sortirent en hâte.

– Ne la touchez pas, dit l'homme, elle a une jambe cassée.

Il gesticulait, en parlant français.

Astra était déjà agenouillée et la découvrait, lui caressait le front. L'homme regardait, calmé. Puis il se mit à pleurer, sans que ses traits s'altèrent. La petite fille ne pleurait pas, elle était étourdie, sa jambe enflait. Elle était allongée et s'agrippait au bord de la tunique de celui qui devait être son vieux père.

Astra et son mari étaient partis pour l'hôpital avec la petite fille. L'homme était assis dans la véranda. Il ne voulait rien, juste un verre d'eau. Avant d'entrer, il avait regardé la voiture descendre la colline et avait fait un geste comme pour dire : Que Dieu les accompagne.

– Que dois-je faire ? demandait-il maintenant. – Il se tourna vers Corbières : – Dites-le, vous qui êtes le plus âgé.

Il dit encore qu'il était le grand-père de la petite fille et que son fils s'était enfui sur l'autre versant avec ses deux autres enfants et sa femme. Ils avaient été agressés sur la crête.

– Pour moi, il faut aller voir, dit Corbières, dès que vous vous en sentirez la force.

– Oui, c'est ce que nous devons faire, dit l'homme.

– Allons-y, moi, Leonardo, Mire et cet homme. – Puis il se tourna vers Alain : – Toi, reste ici avec ta femme et attends. Nous ne pouvons pas laisser la maison ouverte et sans surveillance.

L'homme était déjà prêt à partir. Ils sortirent dans le grand reflet de la mer. Ils marchèrent sur des aiguilles de pins, sur des aiguilles de genévriers, sur la roche nue, qui en certains endroits était usée par les pas.

Sur un plateau, ils rencontrèrent une bergerie. Le toit arqué était couvert de lichens. Puis ils marchèrent parmi des oliviers qui émergeaient des ronces. Sous la crête, une paroi et des rocs calcaires.

– Ils étaient là, derrière cette pierre penchée.

– Juste sur la frontière.

Ils regardèrent par terre et autour de chaque pierre. Il y avait des ombres et des taches de soleil. On entendait la brise passer et le chant étouffé d'une fauvette. Elle chantait dans un buisson de lentisques au-dessus d'un Noir poignardé. Yeux clos, chemise pleine de sang qui séchait. Un lézard se promenait sur sa cheville.

Ils cherchèrent encore. Ils ne trouvèrent rien d'autre.

– Il était avec vous ?

– Il n'était pas avec nous. Je suis kurde. Et les miens sont peut-être passés. Vous savez, mon fils est fort.

« Ce Noir n'a pas eu de chance, pensa Leonardo. Un instant plus tôt ou un instant plus tard, et il aurait échappé à la mort. »

– Vous ne pouvez pas dire qui vous a agressés ? demanda-t-il.

– Vous savez, il faisait nuit. Ils communiquaient par sifflements.

Le retour fut plus lent que l'aller. De temps en temps une roche cristalline renvoyait des rayons.

– Quel désastre ! dit Mire. Mais je dois dire que je le prévoyais.

– Encore heureux qu'Alain ne soit pas venu, dit Corbières, il a le cœur faible.

– Une femme aussi belle requiert des efforts et des sacrifices, dit encore Mire.

Et Corbières affecta de ne pas l'entendre.

Il marchait avec assurance, malgré son âge, et de temps en temps poussait un soupir.

– Je n'ai jamais rien vu de semblable, disait-il, un paysage abrupt, tourmenté, à ce point possédé par la mer. Je comprends ceux qui l'ont choisi pour y demeurer. Si j'étais riche, moi aussi je viendrais y vivre.

– Et moi si j'étais riche, dit Mire, je m'en irais aussi loin que possible pour ne plus jamais le voir. Des hauteurs avec deux doigts de terre, brûlées par le vent et le sel. J'aimerais oublier tout ça…

Leonardo s'aperçut que le Kurde était en proie à une sorte de vertige et qu'il chancelait constamment. Il se mit contre lui pour le soutenir si nécessaire. « Qui sait l'effet que lui font ces terres, qui sait depuis combien de temps il n'a pas mangé ? » pensait-il.

Chapitre quinzième

– Je crois que c'est leur voiture.

Une voiture montait dans la tache de romarins.

– Ce n'est pas elle, dit Véronique. Dans ces hôpitaux, entre les radiographies, le plâtre et tout le reste, il faut du temps.

L'hôpital était dans une plaine, près de la mer, dans une orangeraie. Il avait été jadis une école de religieux chassés de France après l'affaire Dreyfus.

Le vieux dormait. Il n'avait pas voulu de lit. Et Alain aussi semblait sommeiller, assis sur la marche. Il y avait un beau soleil. Le rocher de Vairara montrait toute sa splendeur. C'était le début des longues journées de lumière qui berçait jusqu'à la fosse opaque de Beragna.

– Il se passe des choses incroyables, dit Corbières, des choses qui provoquent l'indignation.

– Ce n'est rien, dit Mire. A côté de ce qui va se passer !

– Il faut toucher le fond… Je l'ai toujours pensé.

– Chaque année les choses s'aggravent, dit Véronique.

Elle était entre un buisson qui traînait sur le sol et un arbre qui escaladait l'azur.

– Quelle heure est-il ?

– Il est dix heures.

– Pourquoi ne vas-tu pas te reposer un peu ?

– Je n'en ai pas besoin, dit Véronique.

– Et ce matin, tu as un peu dormi ? demanda Leonardo.

– Comment pouvais-je dormir, pendant que vous étiez sur ces sentiers !

– Tu aurais dû être tranquille, j'étais armé.

– Voilà qui est sage, dit Corbières, vous et moi sommes faits pour nous entendre.

– Il faut survivre, dit Leonardo en pensant à d'autres dangers, qu'il était préférable de taire.

– Pendant que vous marchiez, je pensais à vous, dit Véronique.

– Je t'en suis reconnaissant, dit Leonardo.

« Qui sait comment elle nous imaginait ? pensa-t-il. Peut-être comme des morts qui cherchent les morts. Elle, elle est la vie, surtout quand elle est nimbée de soleil. »

Le vieux Kurde s'était levé avec son paquet de hardes, il s'approchait.

– Comment vais-je faire pour retrouver mes enfants, qui nous réunira ?

– Ils reviendront vous chercher, c'est impossible qu'ils ne vous fassent pas signe.

L'air figeait ses larmes.

– Tant de route pour rien, monsieur ! Et s'ils n'étaient pas saufs ?

– Nous les aurions trouvés sur le chemin. S'il le faut je vous accompagnerai de l'autre côté. Pour l'heure, attendons.

Le soleil faisait son parcours sur les rochers, s'y incrustait, en même temps qu'il laminait la mer ; il donnait à toute la côte l'aspect d'une barrière de récifs. C'était l'heure des reflets lumineux. Elle enveloppait comme dans une ombre. On y voyait mal.

– Quelles belles terres !

– L'hiver elles sont un peu sombres, dit Leonardo.

Ils avaient passé le rocher et se trouvaient devant les terrasses de Beragna, sur une pente moins raide. Le sentier entrait sur un terrain qui faisait comme une vague avant une falaise.

– On se croirait dans un berceau, dit Mire. – Puis regardant par terre : – Tu pourrais aussi tailler dans ces broussailles.

Leonardo ne répondit pas. Mire avait voulu l'accompagner, il n'avait pas eu envie de rentrer chez lui.

– Il y en a des choses, dans cet endroit, dit-il. Tu en as hérité ?

– Il aurait mieux valu que je ne l'aie jamais vu. Aujourd'hui je m'estime content quand je ne perds pas d'argent.

– Je vois que la maison est en pierre. Où l'ont-ils prise ?

– Ils ont dû faire exploser une mine.

– La terre n'est que fatigue. Mais elle donne des satisfactions. Comment peut-on abandonner ces oliviers ? dit Mire.

Puis il ajouta qu'il avait vendu les siens. Il s'était mis dans le commerce, c'est ainsi qu'il appelait le restaurant. Mais être commerçant n'était pas une vie et il avait tout cédé à son fils.

– Vairara te plaît ?

Vairara ne lui plaisait pas mais les deux femmes lui plaisaient : l'une était comme une rose blanche, l'autre comme une rose sombre.

– Laquelle est la rose sombre ?

– La serveuse. Tu n'as pas vu ses cheveux bruns ? C'est ainsi que je les aime, avec la peau claire.

– Tu t'y connais en roses !

– Elles me font perdre le sommeil et l'âme. A un certain âge mieux vaudrait se faire moine et vivre en paix.

– A qui le dis-tu ! constata Leonardo.

« Il passe toujours entre nous et les femmes quelque chose qui manque de clarté, pensait-il, cauchemars, voyages, rêves de repos. On marche vers la mort en forçant les étapes. »

Le soleil était déjà derrière le rocher. Une muraille de nuages allumait tout le ciel.

Chapitre seizième

– Voilà deux ou trois jours que nous ne nous sommes pas vus, dit Carla.

Une lente après-midi montait de la mer. Dans les arbres, de l'autre côté des vitres, la lumière stagnait. Le café était vide.

– J'ai eu à faire sur ma campagne. On ne peut quand même pas vivre de l'air du temps.

Elle se plaignit de n'avoir vu que deux clients de toute la journée. Il dit qu'il n'avait trouvé personne chez Véronique.

– Elle est allée conduire son mari à Nice, elle revient bientôt.

– Corbières est parti ?

– Il est l'hôte d'Astra, dit-elle.

Et elle indiqua la route qui allait à travers les buissons.

– Vous savez quelque chose sur la petite fille qui s'est cassé la jambe ?

– Pour le moment, c'est Astra qui la garde. Le vieux a disparu. Elle est mieux chez Astra que n'importe où ailleurs.

– Il me semble que vous êtes au courant de tout ce qui s'est passé.

L'après-midi avait une couleur inquiétante, trop nette, comme après une averse. Question de vent.

– Il y avait du vent ce matin ?

– Je ne m'en suis pas aperçue. Si vous voulez boire, je suis à votre disposition.

– J'aimerais boire quelque chose maintenant. Mais il est possible que je m'arrête aussi ce soir.

– Pour vous il y a toujours quelque chose.

– Souvent le vent s'annonce et ne vient pas, dit-il, le printemps a beaucoup de faces.

Il préférait l'automne, le temps distillé en heures uniformes.

– Espérons que Véronique rentrera vite. Elle sera bien contente de vous voir. Les soirs ici sont agités. Il n'y a jamais eu tant de passages. Mais où vont ces gens ? Je n'arrive pas à comprendre.

– Chez moi c'est calme, dit-il, pour l'instant c'est calme.

Carla partit et revint avec une bouteille et un verre.

– Prenez un autre verre, il ne manquerait plus que je boive sans vous inviter.

De l'autre côté des vitres le nuage blanc du cerisier se dessinait contre le ciel ; une lumière verticale y tournoyait.

– Alors la *petite enfant* est avec Astra ? Dans ce cas, elle a de la chance.

– Il faudrait qu'elle puisse rester. Si j'avais trouvé une femme comme Astra, quand j'étais petite.

– Les temps étaient durs ?

Ils étaient cinq frères et sœurs, dit-elle. Elle était la plus grande et servait de souffre-douleur. Elle n'avait pas envie d'ajouter autre chose.

– Il est possible que l'on vienne tous de la rue, de la poussière ! Pas un seul moment dont on ait envie de se souvenir.

Pendant qu'ils parlaient, quelqu'un avait posé une échelle contre le cerisier. Elle n'y était pas avant. A quoi pouvait-elle servir ? Elle était presque argentée sur le noir du tronc.

– Depuis quelque temps je me sens espionnée. Vous avez le courage d'aller voir ?

Leonardo sortit, mit la main dans sa poche et ôta le cran de sûreté du pistolet, regarda dans les buissons et les arbres. Il n'y avait personne. Il enleva l'échelle, la traîna au bord de la terrasse, la poussa dans le vide. Tandis qu'il revenait, elle le regardait de derrière les vitres.

– Quelqu'un l'avait posée là pour la nuit, lui dit-il, peut-être pour moi, peut-être pour vous, pour nous observer dans l'obscurité.

– Dans quel but ?

– Ça, je ne peux pas le savoir. Si c'est pour moi, c'est pour me tirer dessus. Vous savez tenir un fusil ? Une branche fourchue peut servir d'appui pour viser avec précision.

– Et si on l'a mise pour moi ?

– On devait vouloir vous regarder. Il y a des hommes qui perdent la tête. Ou peut-être attendait-on quelqu'un d'autre. Qui devait venir ce soir ?

– A ma connaissance, seulement Véronique.

Et Véronique arriva avant qu'il fasse noir. Elle demanda à Leonardo de l'accompagner.

– Pourquoi ne pas dîner ici ?

– Nous redescendrons plus tard.

Ils montèrent avec la voiture par une petite route.

– Elle te plaît cette femme aux yeux couleur d'améthyste ?

– Elle m'inquiète, dit-il.

Et il lui expliqua ce qui s'était passé.

Ils étaient arrivés dans le jardin. Ils descendirent de voiture. Ici aussi un cerisier recueillait la lumière et dominait la mer. Véronique remonta sa jupe pour passer près d'un buisson.

– Fais attention de ne pas piétiner les pensées, dit-elle. – Certaines avaient la tête baissée, d'autres regardaient le ciel. – Il y a beaucoup de maniaques qui rôdent, dit-elle encore, des hommes avides et insolents.

– On ne peut pas les éviter ?

– Ce n'est pas facile. Ils te joignent au téléphone, ils t'arrêtent dans la rue. L'autre jour, à cette heure-ci, le téléphone a sonné, une voix dure, mais qui voulait paraître très douce : « Je voudrais jouer sur ton corps une musique vénéneuse et t'emporter très loin. » D'autres disent des mots obscènes. On dirait que les gens sont devenus fous.

– Ils se permettent de penser à haute voix, dit-il. Autrefois chacun ruminait ses tristesses, aujourd'hui il les crie.

– Tu penses que cela fait du bien de crier, de parler ? demanda-t-elle.

Elle se retira dans une chambre et revint avec une robe plus claire et plus ouverte. On entrevoyait la pointe d'un sein, la peau comme lustrée. Elle le prit dans ses bras. Elle se collait à lui. Gracilité qui devenait vigueur. A la fois virginale et mûre, dans l'abandon.

– Tu veux tout de suite ou tu veux plus tard ? demanda-t-elle, le visage déjà renversé. Ce sera mieux plus tard, sinon nous ne parlerons pas.

Pendant qu'elle préparait un thé, la nuit vint. Le ciel se dépouillait d'une lumière et en prenait une autre, à la clarté mourante succédait la clarté de la lune.

– Cela fait un certain temps que je veux te parler. Et que je n'y arrive pas.

– Maintenant tu t'en sens capable ?

Dehors il y avait l'argent sur un olivier et sur la mer, le bronze sur un chêne.

Elle s'était mariée à vingt ans, dit-elle, et ils s'étaient vite séparés. Elle avait eu une fille qui était morte très jeune.

– Comment s'appelait ta fille ?

– Anne. Tu me diras qu'elles sont nombreuses, les femmes qui ont perdu un enfant.

– Je ne dis rien.

– Je t'en ai déjà parlé bien des fois dans mon imagination, mais par bribes. Elle s'était fiancée à un garçon de son âge, très beau. Elle, elle n'était pas très belle, mais elle avait une ironie séduisante, une joie voilée par un pressentiment. Et puis voilà qu'il est tombé amoureux d'un médecin de trente ans. Anne a renoncé aux fiançailles, mais elle a voulu les fréquenter, elle s'est fait accepter par les deux. Ils sortaient souvent ensemble. Anne ne possédait plus rien, elle se contentait de ces amitiés légères. Elle a eu une leucémie, une leucémie galopante et mortelle. Je l'ai ramenée de l'hôpital à la maison. Ce jeune médecin venait tous les jours la soigner. Puis il l'a aidée à mourir.

– Dans quel sens ?

– D'abord nous avons combattu la maladie et la douleur, ensuite seulement la douleur. Nous l'avons décidé ensemble.

– Je ne sais si mon approbation peut te servir à quelque chose, dit-il.

– Mais le jour où nous avons pris cette décision, nous sommes entrés dans une intimité dont nous ne pouvions plus sortir.

– Je ne vois rien de grave, dit-il.

« Il y a des passions qui se réveillent à l'improviste, pensait-il, et d'autres qui ne veulent pas mourir. Et la maladie ? C'est une question de chance. Le temps en caresse certains et en tue d'autres. Mieux vaut ne pas y penser, mieux vaut regarder son visage dans le clair-obscur. »

– Je ne t'ai pas tout dit, poursuivit-elle. Un mois plus tard le médecin mourait.

– Suicide ?

– Je ne crois pas. Je ne sais pas, tu me donnes des doutes.

– J'ai parlé sans réfléchir. Pourquoi n'allons-nous pas un peu dehors ?

Véronique passa un manteau sur sa robe claire. Ils sortirent pour une courte promenade. Il faisait noir, sous les arbres, et l'air venait de la mer. La lune, immergée, bordait à grand-peine un récif. Il lui toucha les cheveux : ils étaient humides et froids.

– Pourquoi ne t'es-tu pas mis un foulard sur la tête ? Il vaut mieux rentrer.

– Allons au moins jusqu'aux myrtes.

Chapitre dix-septième

Il passa de nouveau le rocher dans le matin finissant, entra dans le monde étincelant de la mer ; il allait encore une fois chez Véronique ; il la trouva dans ce jardin aux plantes utiles et aux plantes décoratives : elle était allongée, la tête sur une poignée de foin, l'air absent, les cheveux immobiles comme peints sur la terre, une main posée près du visage. Elle dormait. Mais pourquoi sur cette terrasse, sur ces cailloux ? Presque certainement à cause de cet arbre de Judée en fleur sur le bord. Le rose, au-dessus d'un mur qui s'écroulait, éclatait sur l'écorce, sans la moindre feuille sur les tiges. Elle se réveilla ; elle se leva et lui sourit.

– Allons à la maison, dit-elle, comme s'ils s'étaient quittés l'instant d'avant.

Ils montèrent par les petits escaliers, sans suivre les détours du sentier. Son pas était à la fois indolent et léger. « Un pas de femme encore imprégnée de sommeil, pensait-il, un pas nocturne. » On voyait une mer haute qui entraînait vers le rivage des îlots baignés de soleil.

A la porte de la maison la plante grimpante avait repris sa croissance, des pousses printanières traversaient la plaque de métal qui portait ce nom curieux : *Contre le vent*. « Combien y en a-t-il, se demandait-il, de ces maisons face à la mer ? Maisons pour égarés qui croient pouvoir vivre en paix tandis que les temps changent. Qui n'a rêvé d'une entente profonde avec une femme qui l'accompagnerait au-delà de toutes les terres ? »

– Il n'y a personne, à l'intérieur ? demanda-t-il.

– Nous sommes seuls.

– Ils sont repartis ?

Ils n'étaient même pas revenus, dit-elle. Ils avaient téléphoné au cœur de la nuit pour l'avertir qu'ils restaient à Marseille. La réunion avait duré plus longtemps que prévu. Elle demanda à Leonardo s'il n'appartenait pas à un parti. Ce n'était pas la première fois qu'elle lui posait la question.

– Aucun parti, aucune église ni secte.

– Ils font partie des *Libres Penseurs*.

Alors il dit quelque chose qui venait du fond de sa mémoire :

– *Liberté couleur d'homme.*

Puis il ajouta qu'il se serait volontiers affilié à ce groupe. Il en avait entendu parler quand il était enfant.

– Ce n'est pas difficile d'y entrer, il suffit qu'Alain et Corbières te présentent. Ce soir, quand ils reviendront, vous en parlerez. Pour le moment je te fais du café. Tu as déjà mangé quelque chose ? Tu n'es jamais venu comme ça, le matin.

– D'habitude, je travaille, dit-il.

Pendant qu'ils buvaient le café il pensait à la musique de la fin du temps. (Il avait vu, en passant dans le salon, la pile de disques.) « Je voudrais la réécouter, se murmurait-il, mais je n'ose pas le lui demander. » Et il chercha dehors. Il y avait sur les rochers une traînée plus douce que sur la mer. Liturgie d'un jour qui s'affligeait.

– Nous passons de l'autre côté ? lui proposa-t-elle.

De l'autre côté, dans la petite chambre, elle tira le rideau de la fenêtre, se déshabilla et se jeta sur le lit. Seuls ses pieds étaient au soleil. En remontant de là commençait le doux voyage dans l'ombre.

Après, elle dit qu'elle l'avait senti très proche. Et puis elle dit encore :

– As-tu déjà vu quelqu'un de complètement détruit ?

– Complètement, jamais, fit-il. – Il ne savait où elle voulait en venir. – Il reste toujours des ressources.

– Pourtant, je l'ai été. C'est du fond de la destruction qu'est venue l'entente avec Alain. Je crois que c'est un amour immortel. Je peux tout me permettre.

Il ne dit rien. Il la regarda pendant qu'elle s'habillait, à mesure qu'elle disparaissait.

« Une femme quand elle se rhabille, pensait-il, a quelque chose de superbe. Même si elle se couvrait de loques, qui n'en ressentirait la privation ? »

Ils sortirent. Ils montèrent par des terrasses restaurées, puis par d'autres encore incultes. Des rosiers y poussaient, avec des fleurs qui avaient peu de pétales mais des couleurs si mélangées qu'on eût dit des iris. Quelques-uns rampaient sur la roche.

– Ce sont les Venute, dit-il. Elles avaient déjà disparu des cultures et du marché avant la guerre, en même temps que les Safrane. Seuls les vieux, quand j'étais petit, en parlaient encore.

Au-dessus des chênes d'Astra, l'air était pointillé de reflets : une lumière qui montait d'en bas.

– Je me demande comment va la petite fille, dit-elle.

– Certainement mieux qu'avant... Si elle pouvait raconter !

– Quelle langue parlent les Kurdes ?

Il ne le savait pas non plus.

– Elle est là, plâtrée, et personne ne vient la reprendre.

– Ils viendront, dit-il. – Puis il ajouta : – Il y a chez Astra une grande douceur.

Véronique resta perplexe.

– Elle est très sensuelle, dit-elle, et elle n'a pas eu d'enfant.

– Aussi sensuelle et sans enfant, elle doit être très voluptueuse.

– Je pense que tu te trompes. La volupté naît d'un long travail : c'est le luxe des mères.

– Je croyais qu'il y avait un antagonisme entre les deux choses.

– C'est tout le contraire. Et puis d'autres voies se sont ouvertes en elle. Elle s'est détachée des hommes.

Une voiture montait sur les lacets de la colline. Elle était déjà aux genévriers.

– Ils reviennent. D'ici peu nous ne serons plus seuls.

Alain et Corbières laissèrent la voiture sur la petite place de gravier, sous le pin. Ils montèrent et s'assirent près de la porte. Alain demanda à Véronique si elle s'était reposée. Elle ne répondit pas.

– J'ai compris, je t'ai manqué, dit-il.

Et il tendit le bras pour une longue caresse. Au-dessus de la tête de la femme un essaim de papillons allait contre le vent. La mer était toute lumière.

– Comment va Marseille ? demanda Leonardo.

– Marseille est toujours Marseille, la mer y entre.

– Comment est la ville, elle change ?

– On est mieux ici, sur cette hauteur.

Véronique se leva et fit signe à Leonardo de la suivre.

– Allons chercher quelque chose à boire à l'intérieur.

Et quand ils furent seuls elle lui conseilla de ne pas poser de questions, d'attendre qu'ils parlent. Ou plutôt ce serait elle qui lancerait la conversation, après le déjeuner.

– D'accord. Je n'aurais certainement pas posé de questions sur leur association.

Ils revinrent dehors, avec des verres et du vin blanc. Ils étaient à l'abri, mais plus loin les arbousiers bruissaient et, en bas, montaient des chênes comme des coups de marteau.

– Voyez-vous, dit Corbières, Marseille décline. Ce n'est plus la capitale de l'outre-mer. Nous pourrions boire à son passé, à la fin d'un monde. Désormais c'est seulement un port de pétroliers.

– Buvons à ses îles, à ses rochers blancs, à ses châteaux sur les vagues.

– Alors vous connaissez la ville.

– Les gens d'Argela y sont toujours allés travailler.

– Quand ?

– Comme je l'ai dit, depuis toujours. Les oliviers donnent tous les deux ans. Et quand il n'y avait pas d'olives, les gens d'Argela partaient. Il y avait à Marseille un cordonnier d'Argela qui savait le français; il savait aussi l'écrire et rédigeait les demandes pour travailler sur le port. A Argela, dans les cafés, on en parlait comme d'une sorte de consul. Je ne me souviens pas de son nom, autrefois je le savais.

Maintenant sur la côte française s'amassaient des nuages entourés de soleil; la mer, à l'appel de ces nuages, perdait son incandescence et se chargeait de fraîcheur; des ombres passaient sur son bleu.

– C'est pour cela que nous avons été si bien accueillis à Argela.

– On sortait d'une dictature et d'une guerre.

– Désormais l'Allemagne et la France sont unies, dit Corbières. C'est sur la Méditerranée qu'il faut être vigilant, tenir à distance les forces périphériques.

– Il y a des gens qui vont et viennent.

– Nous ne savons pas qui est derrière ces gens. Il y a aussi des commandos qui entrent en France pour frapper, des groupes décidés et chargés de haine.

– Devons-nous leur rendre la pareille ? demanda Alain. Je n'y arrive pas.

– Et tu fais bien. Ne pas oublier la haine, c'est la laisser tomber goutte à goutte dans le cœur et rendre celui-ci semblable à un désert... C'est un proverbe de l'Islam.

Véronique s'était levée et demandait qu'on aille à l'intérieur.

– Je rentre chez moi, dit Leonardo. Il se prépare une de ces tornades de printemps qui durent deux jours.

– Ce sont ces nuages ?

– Ce front nuageux et ces papillons qui passent par essaims.

– Si vous restiez cela nous ferait plaisir, dit Corbières.

Il accepta de rester. Maintenant le ciel se fermait, on ne

voyait plus qu'un peu d'azur dans les crevasses entre les nuages, couleur abyssale.

Corbières parlait, parlait. Il s'était mis debout et gesticulait. Il était emporté par le feu de son discours. La civilisation mortelle. Mais, disait-il, on pouvait mourir de mort naturelle ou de mort violente.

– Laquelle choisiriez-vous ? finit-il par demander.

– Je ne sais pas… celle qui fait le moins souffrir.

– Vous aussi, vous êtes une victime de l'hédonisme et du sens de la faute. Il est temps d'en finir.

A ce moment on vit Mire qui grimpait péniblement sous le jardin. Il montait du café, il montait à pied. Il arriva hors d'haleine.

– Maintenant ils passent même de jour, ils passent en groupes, ils n'ont plus aucune retenue.

– Pour l'instant ils ne sont pas dangereux, dit calmement Corbières, on n'a rien signalé.

Il donnait l'impression d'avoir en tête quelque chose qu'il ne disait pas.

– Il pleut des cordes.

– Laisse pleuvoir, Mire, dit Leonardo. L'eau fait toujours du bien.

– Elle fait aussi du bien à mon jardin ?

– Elle libère la terre de la morsure du froid, de l'hiver.

Dans le ciel il n'y avait plus de spirales et sur la mer glissait un nuage blanc. Sur les pentes les ruisseaux creusaient leurs sillons. Les pins avaient les ailes basses.

– Nous sommes arrivés à temps, dit Corbières. C'est une vraie bourrasque. Est-ce qu'il pleut aussi à Marseille ?

– Depuis au moins une heure. Les pluies fortes qui viennent de l'Atlantique entrent par Gibraltar et plus souvent par le golfe de Gascogne.

– Elles durent longtemps ?

– Au printemps les éclaircies viennent vite, dit Leonardo.

« Je ne crois pas un mot de ce que vous avez raconté, pensait-il, je ne crois pas que vous êtes allés à Marseille. » Pour lui, ils avaient rencontré quelqu'un, mais près d'ici, peut-être juste de l'autre côté de la frontière, et la Libre Pensée n'y était pour rien. Que Corbières ait libéré Argela, ce devait être vrai. Il avait souvent entendu parler d'un *sous-lieutenant* arrivé à la tête d'une colonne de Sénégalais. Mais qu'aujourd'hui il soit revenu pour revoir Argela lui semblait étrange. Argela, quatre maisons, deux celliers, deux bergeries, ne méritait pas une visite. Un coup d'œil de loin, de très loin, suffisait.

Maintenant Mire se plaignait de ce que l'eau provoquait des éboulements.

– Ça s'éboule là où ça doit s'ébouler : là où on a déboisé, là où on a brûlé, là où on a transformé trois terrasses en une. Qu'est-ce que je pourrai montrer à cet officier français lorsqu'il voudra monter voir ?

– C'est vrai qu'il n'y a plus grand-chose, admit Mire.

– Je viendrai demain, dit Corbières, ou dès qu'il cessera de pleuvoir.

– S'il n'y a pas eu de chutes de pierres.

– Je passerai, même s'il y a eu des chutes de pierres.

– Qu'est-ce que je vous donne ? demanda Véronique. Vous voulez des fruits ? – Personne n'en voulait. – Vous n'avez presque rien mangé.

– En revanche nous avons bu, dit Leonardo. Qu'est-ce que c'était ?

– Du bordeaux.

– Merci !

« Je dois faire attention, pensait-il, j'ai toujours le même vice : je me jette sur le passé, le temps qui resurgit, un souvenir qui entre dans la clarté. » Maintenant c'était elle qui y entrait, avec sa musique de la fin du monde. « Je dois m'arrêter ici, ne pas aller plus loin. En une seconde je suis dans l'enfance, et si je fais un pas dans l'autre sens je suis dans la mort. Je dois me cramponner à Véronique, à ses mains, à ses jambes, à ses longs regards. » Il pleuvait fort et il entendait résonner cette musique. Mais la musique était sereine, douloureusement sereine.

– Je devrai vous rendre votre hospitalité, dit-il, j'ai hâte de le faire.

– Pour le moment ne te fais pas de souci. La vie ne finit pas demain.

– C'est toi qui le dis !

– Maintenant il faut que tu te reposes, le vin a fait sortir la fatigue. Regarde, Corbières s'est déjà endormi et Alain somnole.

– Ils n'ont pas dormi de la nuit, eux.

– Et toi, tu as dormi ?

Il ne répondit pas. Il ajouta seulement que Corbières, au moins, avait toujours honorablement combattu. Corbières avait entendu.

– Je n'ai rien obtenu, dit-il, mais je ne m'en repens pas.

Un moment vint où s'ouvrit, tissée encore de nuages, une fissure dorée. Puis la fissure s'élargit et devint céleste. D'une grande tendresse au-dessus du rocher.

– Je m'en vais. Il ne pleuvra pas pendant une demi-heure.

Corbières proposa de l'accompagner en voiture.

– Je vous remercie. Tout ce trajet pour si peu de chemin : descendre jusqu'à la mer, prendre par la vallée et ensuite remonter.

– Téléphonez-nous quand vous serez rendu.

– Je n'ai pas le téléphone. Mais si je sors, si le temps le permet, je peux vous appeler de l'auberge d'Argela.

Les chemins étaient lavés, ainsi que leurs cailloux. Là, il n'y avait pas de fondrières. Il y en avait plus loin, sur l'argile, mais il suffisait de passer sur le bord. « Fais attention à ne pas glisser, avec ta jambe handicapée. » L'argile formait parfois des monticules détrempés et gris. « Comme les buissons se détachent bien sans le blanc qui les assiège, sans l'azur qui les ronge. » Maintenant le rocher était décapité par un nuage. Un faucon y tournait sans but, disparaissait et réapparaissait. Les oliviers. Toujours cette sensation de protection. Fermeté protectrice des troncs mouillés. Un frisson juste dans les frondaisons, là où l'argent se heurte au blanc des nuages.

Chez lui il alluma le poêle, mit ses souliers à sécher. Dehors la pluie avait repris. Le laurier était noir, le ruisseau grondait. Il se déversait dans le torrent qui serpentait en charriant de la boue à travers rochers et cannaies. Sur les terrasses les anémones avaient la tête basse.

« Si ça passe, pensait-il, et si ça s'éclaircit, je sortirai avant que ne commence l'assaut des souvenirs. » Soudain un coucher de soleil lumineux apparut entre les nuages, le ciel fatigué se mit à s'égoutter lentement. Sur la mer le vent devait s'être levé.

– Qu'es-tu venu faire par ce temps ? lui dirent-ils au village.

Un autre lui demanda si l'eau avait débordé sur le sentier qui passait sous la croix.

– Je n'ai même pas fait attention au ruisseau.

– L'eau n'a pas envahi le champ de rosiers ?

– Honnêtement, je ne peux pas te dire.

C'étaient tous des gens d'un certain âge, qui avaient beaucoup plus envie de boire que de jouer aux cartes. Le temps passé à travailler marquait leurs visages. Un chien de chasse tout mouillé allait de l'un à l'autre et personne ne lui donnait rien. L'auberge avait des prétentions : miroir et fleurs artificielles, vagues œillets en papier.

– On n'a jamais connu une telle pluie, on n'y voyait pas à un mètre.

– Sur nos sentiers on n'a pas besoin de voir, on va à tâtons, ils sont tout en murs.

Leonardo alla téléphoner (le téléphone à jeton était sous un renard empaillé) pour rassurer Véronique et ses compagnons. Eux aussi allaient bien : ils avaient vu le vent balayer la mer et maintenant la mer donnait des coups de bélier. Il revint en se disant que c'était beau qu'il y ait des gens qui pensent à lui.

– La tempête est là, dit-il.

– Laisse-la venir, elle ne monte pas jusqu'ici.

– Elle détruit les plages, dit un autre.

Alors, le premier :

– Nous ne sommes jamais allés en prendre possession, pour construire sur le sable.

Un autre intervint encore pour dire que la mer faisait son devoir et reprenait ses terres.

– C'est vrai que quand la mer lève la tête... dit Leonardo. – Il hésita, se perdit un peu. – Autrefois elle était quelqu'un, marins et pêcheurs la respectaient.

Puis il pensa, mais il ne le dit pas, qu'à force d'être douce la Méditerranée se laissait massacrer. « Doux azur lointain ! »

Le chien, résigné, continuait à passer de l'un à l'autre. De temps en temps une main noueuse lui prodiguait une caresse. Dehors les toits s'égouttaient, la cloche sonnait l'angélus.

– Personne n'a le moral, ici ? demanda quelqu'un.

– Dites-moi un peu : vous vous souvenez de la venue des soldats français ?

– Quand ?

– En avril 1945.

– Bien sûr que je m'en souviens. C'était l'après-midi, ils n'arrivaient pas. On a dû aller les chercher, on est partis en barque.

– Ils avaient été appelés en même temps par un avion en perdition qui avait atterri à l'embouchure de la Roya.

– N'entrons pas dans les détails, dit Leonardo.

– Mais que veux-tu savoir ?

– Si vous avez connu l'officier qui commandait les troupes qui sont montées à Argela.

– Il était jeune. Il était à la tête des Sénégalais qui allaient en file indienne.

– Ils se balançaient en marchant, le sac sur la tête.

– Et vous, que faisiez-vous ?

– On riait. « Attendez, a dit l'officier, c'est demain que vous rirez. » Et il a organisé des jeux.

– Puérils.

– Des courses de bicyclettes. Il y a eu le Sénégalais qui a coupé le tournant, en montant par les murs avec sa bicyclette sur l'épaule. Vu qu'on était en démocratie c'est nous qui avons dû décider de ne pas le disqualifier.

– L'officier était indécis.

– Il avait d'autres chats à fouetter. Il protégeait la population, il arrêtait les fauteurs de troubles. Il distribuait du sucre, du café, de la farine blanche. Il faisait la cour aux filles.

– Un amour ? demanda Leonardo.

– Plus d'un. Mais pourquoi revenir ainsi en arrière dans le temps ? L'heure n'est-elle pas venue d'en finir avec ces histoires du passé ?

– C'est vrai, vous avez raison, excusez-moi.

– Celui qui commandait pour de bon ce n'était pas lui, mais l'*abbé Pontrémoli*.

– Je trouve bizarre qu'il ait été prêtre. Il se promenait comme une belle dame et fumait comme un Turc. Malgré la soutane, il marchait avec une telle agilité qu'on avait du mal à le suivre.

Leonardo écoutait. « Vous me dites des choses, pensait-il, qui sont devenues inutiles et qui ne font que m'égarer. »

– Qu'est-ce que je peux vous offrir ? demanda-t-il.

– Tiens, voilà les malfrats.

Ils étaient trois, un voleur, un incendiaire et un oiseleur. L'oiseleur était aussi braconnier (blaireaux, sangliers et pigeons domestiques) et il tirait bien.

– Aujourd'hui ils sont inoffensifs : ils sont vieux.

– Tu parles ! Ils sont vieux et sans ressources. Ailleurs, dans d'autres villages, on s'en serait déjà débarrassé. Souvent, la nuit, ils rôdent armés.

– Ils n'ont plus beaucoup de chemin devant eux.

– Une cartouche pas chère, c'est tout ce qu'ils mériteraient.

Une femme entra, une tasse à la main, qu'elle posa sur le comptoir.

– Je voudrais un peu de lait, dit-elle. La chèvre a mis bas, mais elle n'a pas de lait, et la boutique est fermée.

– Même le lait des chèvres tarit.

Elle leur fit face :

– Elle a toujours été un peu malade.

Il y avait des tables à l'extérieur, sur la place. Un homme essuya une chaise et s'y assit. Il tambourinait avec ses doigts. Il se retourna vers les trois individus qui étaient à l'intérieur :

– Les étoiles sont sorties.

La femme repartit, tenant la tasse de lait à deux mains, et ferma la porte avec son dos.

Il pensa que cette femme qui sortait avec le lait pouvait être la dernière image. Puis il se reprit : « Il n'y a pas de dernière image tant qu'on est en vie. Qui sait où s'achèvera le voyage ! » Il marchait dans le village. Les ruelles étaient protégées, sans vent, mais en certains endroits des rafales frappaient de plein fouet.

– Où vas-tu comme ça ?

Une voix connue et une haute silhouette émergeant de l'ombre dans l'encadrement d'une porte.

– C'est toi, Medoro ? Justement je te cherchais.

– Tu as besoin de moi sur ta campagne ?

– Il y a deux oliviers à tailler : ceux que nous avons laissés il y a dix ans, tu te souviens ?

– Je m'en souviens très bien, il s'était mis à pleuvoir. C'était un printemps comme celui-ci. Je viendrai demain matin.

– Je viens de quitter l'auberge. On y retourne ?

– Monte chez moi. Je passe devant, je t'allume la lumière.

Il y avait une seule lampe, au quatrième. Les autres étages étaient inhabités. Ils burent une liqueur fabriquée par Medoro avec une herbe de montagne.

– Je la trouve bonne.

– Tu veux que j'allume le feu ?

– Inutile. Il fait plus froid chez moi.

– C'est plus exposé.

Dans un coin, le foyer, de grosses bûches et du petit bois.

– C'est du noyer ?

– Du chêne.

– Je sais que tu avais des noyers, là-bas près du torrent, à côté du moulin à huile.

– Les noyers, mon père les avait déjà coupés. Il en a fait ces meubles.

Table et buffet étaient massifs, taillés pour durer éternellement. Sur la table, une capote avec un tas de poches, d'une couleur entre l'or et le noir.

– On tient mal sur une seule jambe, buvons encore un coup.

– Ne t'y fie pas, elle semble légère ; mais elle est traître.

– C'est de la qualité supérieure.

Medoro, visage chagrin et sourire très doux, reversa de sa mixture de montagne.

– A ta vie.

– A la tienne.

– Quels outils j'emporte, demain ?

– Aucun. J'ai tout.

Il sortit du village en tenant son béret que les rafales essayaient de lui arracher. Il allait contre le vent et, tête renversée, il regardait les deux Chariots imprimés dans le noir. Puis il scrutait le chemin et écoutait. Il était avantagé : si les autres étaient là ce soir, ils se trouvaient sous le vent ; ils ne pouvaient pas l'entendre.

Il approchait de sa campagne. Un bruissement dur, de plantes desséchées, venait des buissons de rosiers et de ronces. Il avançait avec précaution. Les oliviers, que le ciel étoilait, semblaient encore immergés dans la nuit de leur origine. « Nuit sainte ! Depuis combien de siècles voyagez-vous ? » Il saisit le passage d'un sanglier. « Si c'est toi, avec ton ouïe fine, avec ton flair qui repère la main de l'homme quand le piège n'a pas été frotté au romarin, c'est qu'il n'y a personne. On peut marcher tranquille. »

Il se trouvait désormais sous des étoiles posées sur les branches, au couvert du feuillage. « Tu vois comment on vit ! dit-il à un tronc. Est-il possible de continuer encore ? Heureux ton sommeil, père du rêve. »

Au matin dans les oliviers l'argent prenait le large.

– C'est dangereux de grimper : ils remuent trop.

– J'en arrange un, dit Medoro, je le ferai à ma façon.

« A sa façon » voulait dire dans les règles de l'art.

– Des coups obliques, surtout, et que la plaie ne demeure pas.

– Je suis né sur les oliviers.

Medoro monta. Il volait sur les branches. Rameaux feuillus et bois mort tombaient, et Leonardo les mettait en tas. Il descendit au bout de deux heures.

– Qu'est-ce que tu en penses ?

On ne comprenait pas où l'olivier finissait, on ne voyait plus les cimes, tout descendait.

– Il semble réduit à une misère, dit-il sans réfléchir.

– Un olivier doit être comme ça, on doit avoir l'impression qu'il implore. – En effet, l'arbre semblait se prosterner sous le ciel. – Tu verras, dans quelques jours tu l'aimeras.

– Maintenant, mangeons.

– Ramassons d'abord un peu d'herbe sèche, pour que je brûle les moignons. J'ai apporté un hareng, nous le ferons chauffer sur le feu. Il vaut mieux brûler avant que ne se forment les caries.

– Je l'aurais fait demain.

Medoro attisait le feu avec une branche, il mangeait debout. De temps en temps il levait les yeux vers l'olivier. Il dit qu'il n'avait pas d'arbres, mais qu'il possédait encore le moulin du torrent, moulin en pierre, toujours intact ; la roue était seulement pleine de mousse et le bief, son lit effondré, était réduit à une rigole.

– Pourquoi ne le rouvres-tu pas ?

– Tu penses que les oliviers vont reprendre ?

– Je l'espère.

– Il y a eu un moment où cela semblait fini. Je suis resté un an avec mon moulin, à attendre. A la fin de la saison, j'ai appris qu'en Belgique il y avait du travail dans les mines.

– Tu y as fait ton chemin ?

– Que veux-tu que je te dise ? Puisque je suis revenu... Regarde ! Le temps se couvre.

Des nuages arrivaient à toute vitesse. Sur le versant de la colline voyageait l'ombre d'un bateau d'ivoire.

Chapitre dix-huitième

Au-dessus de Vairara le beau temps était en déroute, des nuages se répandaient dans toutes les directions. Mais en bas ne régnait aucune confusion : un joyeux ponant balayait la mer comme un champ d'anémones. Les vagues allaient toutes dans le même sens, tandis que sur les hauteurs les arbres étaient secoués de toutes les manières et que l'arbre de Judée perdait ses fleurs, qui tourbillonnaient en se mélangeant aux pétales du cerisier.

– Que pouvons-nous bien faire, disait Véronique, par un temps pareil ? Le soleil brûle, et dès que passe un nuage on gèle. C'est à regretter l'hiver. Tu te rappelles toutes ces journées limpides ?

– Une longue file, un temps éternel.

– Tout resplendissait.

– Chez moi la nuit venait vite.

– Tu venais souvent ici.

– J'ai tout négligé et j'en ai du remords, dit-il.

– Tu venais et tu regardais le soleil se coucher.

– J'étais naïf et j'étais tenaillé par l'inquiétude. Je pensais découvrir quelque chose.

– Tu penses encore à celui qui t'a tiré dessus. Il est temps d'en finir.

– Oui, il est temps, dit-il.

« Et de toi non plus je ne saurai jamais rien », pensait-il.

Un souffle puissant remplit la campagne, elle serra sa veste.

– On ne peut plus rester ici. Ils sont au café, veux-tu que nous les rejoignions ?

Au café un disque jouait à plein volume. Carla dansait.

– Que fais-tu, tu danses seule ?

Elle baissa le son et continua à taper des pieds et à agiter la tête. « Autrefois la musique était faite pour glisser, non pour marteler le sol », pensait-il. Véronique s'empara de la main que Carla lui tendait et la fit asseoir.

– Si tu cherches Alain et Corbières, ils sont partis.

– Sans voiture ils ne seront pas allés loin.

– Je crois qu'ils sont chez Astra.

– Le Kurde est revenu ? Il est là ? demanda Leonardo.

– Le Kurde est encore là et la petite fille aussi. La situation n'a pas changé. Il continue à faire ses randonnées de l'autre côté de la frontière. S'il trouve un de ceux qui l'ont attaqué, il le tue, il a un couteau sur lui.

– Où l'a-t-il pris ?

– Il l'a volé à Astra et ne veut pas le rendre. C'est un grand couteau de cuisine.

– Nous voilà bien, dit Leonardo, nous nous promenons tous armés.

– Toi aussi ? demanda Véronique.

– Pas en ce moment. Mais souvent la nuit j'ai peur sur le chemin, avec une arme je me sens plus rassuré.

Il avait laissé le revolver au sec, derrière une pierre, dans le fond du jardin de Véronique, le revolver et les balles. Entrer armé dans la maison d'autrui n'était pas convenable.

– On va les rejoindre ? dit-elle.

– Pour moi, c'est égal.

– Rentrons à la maison. Ils reviendront.

Ils montèrent par le sentier qui longeait les terrasses que les arbustes rétrécissaient. Il lui sembla les voir avec le blé d'autrefois, un blé court de juin courbé sous le vent, et avec la même faim que celui qui l'avait semé. Le soir venait, la mer se dispersait dans le ciel.

Une fois dans la maison, elle regarda par la fenêtre si quelqu'un montait.

– Si tu me vois trembler ne t'inquiète pas, le soir me fait toujours un peu peur.

Elle avait pâli, mais pas seulement de peur.

– Je voudrais te déshabiller, dit-il.

– Attends, je le fais moi-même, toi tu surveilles la route.

D'une mer somptueuse, un naufrage d'ors, tombait un rayon sur ses épaules. Elle s'approcha elle aussi de la fenêtre et, muette et rigide, se laissa prendre. Elle se rhabilla rapidement, pas même le temps de lui laisser ressentir la nostalgie du corps qui s'effaçait. Rapide aussi fut son geste pour ajuster le collier de perles dans le creux de ses seins.

– Pourquoi rentrez-vous si tard ? demanda-t-elle.

– Il n'est pas si tard.

– Vous êtes allés chez Astra ?

Alain dit qu'ils avaient fait un tour sur la côte. La tempête avait submergé la route, un arbre flottait sur les vagues. On disait qu'à l'est une rivière avait emporté un cimetière dans la mer.

– L'eau ruisselle sur les pentes et la mer forcit, dit Leonardo.

Corbières le regarda :

– Tout suit son cours, seule l'histoire se meut par pulsions si désordonnées qu'elles paraissent épuisées. Une seule chose est claire : l'alternance de la liberté et de l'esclavage.

Leonardo regardait de temps en temps dehors ; les yeux tardaient à admettre l'obscurité : sur la mer, où le soleil était mort, subsistait encore une tache de crépuscule. Ou était-ce une illusion ? Le long profil de l'Estérel s'étoilait au-dessus.

– Il fait nuit maintenant, je dois partir.

– Demain s'il ne pleut pas, je viendrai voir votre village.

– Je pourrais vous expliquer le chemin ; mais s'il ne pleut pas attendez-moi ici, je viendrai vous prendre.

– Vous croyez que je me perdrais ? J'ai la carte d'état-major, même les sentiers y sont.

– Les sentiers sont perdus et il y a des passages glissants.

– Faites attention, en ces temps de vagabonds et d'égorgeurs.

Chapitre dix-neuvième

– Faites attention à ce passage, les marches sont effritées.

C'étaient des marches taillées dans la roche de la falaise, elles formaient un escalier à pic, les unes étaient naturelles, les autres élargies au ciseau.

– Vous y passez même la nuit ?

– Je m'y déplace comme dans un salon.

Ils avaient laissé derrière eux les argiles blanches qui changeaient chaque année de manteau, suivant le travail de l'eau. Certaines étaient couronnées d'un lentisque ou d'un pin tordu. Après les marches, le chemin descendait par un talus de genêts épineux et rejoignait le bois. Maintenant le rocher était un peu moins menaçant, avec son haut rebord en saillie. Il était comme un sommet décapité.

– Qu'est-ce qu'il y a, en haut ?

– Une chapelle. Elle est de la fin du XVIIIe. C'est un prêtre venu de France qui l'a fait construire, un ermite. Derrière il y a sa cellule sans fenêtres.

– Dans ce cas il y a un chemin.

– Il y avait un petit sentier, qui utilisait en partie une corniche. Vous voyez ces chênes verts, ces buissons ? Maintenant le sentier qui y grimpe est couvert de cistes.

– Il n'y a pas de passages du côté de la mer ?

– Les parois sont à pic. L'unique accès partait de ce bois.

– Ces chênes sont à vous ?

– Sur le cadastre. En réalité ils sont à tout le monde. Les

gens viennent aux champignons, à la chasse, et, si je ne fais pas attention, à Noël ils coupent les genévriers. Ils couperaient même les chênes, si je ne les défendais pas.

Ils franchirent un ruisseau, entrèrent dans la vigne. Ils parlèrent de ce prêtre qui était retourné en France, après un certain temps.

– Vous ne savez pas en quelle année ?

– Je dis ce qu'on raconte.

– Il a dû rentrer à la Restauration.

Il était presque midi. Peu à peu la lumière, déposée en plusieurs couches, emprisonnait les oliviers, la maison, le palmier, le chêne pubescent. La mer était désormais lointaine, mais la terre, après l'étroit passage du rocher, formait un golfe d'une douceur qui se teintait d'effroi à chaque frémissement qui venait la troubler. C'était un lieu où se rencontraient l'air de la mer et celui de la montagne.

– Maintenant que j'ai vu votre campagne, allons à Argela.

– Deux minutes, dépassons les oliviers et nous verrons le village.

Les minutes s'allongèrent. Puis finalement il apparut dans une échancrure : tassé autour d'un campanile, comme suspendu dans un vide traversé de lamelles.

– Il est plus escarpé que dans mon souvenir.

– Cela dépend des jours.

– Pas d'où on arrive ?

– Si ! A l'époque vous arriviez de la guerre.

Corbières prit Leonardo par le bras.

– C'était le premier jour de paix. – Et au lieu de sourire, il semblait préoccupé. – Toutes les cloches sonnaient. Combien de cloches avez-vous ?

– Cinq : les trois de l'église, une à l'oratoire et une autre dans une petite chapelle sur le coteau de l'Addolorata, dont le son est mélancolique et lointain.

Et rien de ce que Corbières voyait ne semblait lui donner la moindre satisfaction : ni les ruelles, ni les escaliers, ni l'église, ni l'autel. Il s'arrêta seulement, avec une certaine émotion, pour regarder un lentisque, qui prenait son heure de soleil sur le haut d'un mur écroulé. Plus loin, là où la corniche tournait, un vieil olivier était déjà dans l'ombre.

– Qu'est-ce qu'il y a au-dessus ? demanda-t-il en passant au pied de la rangée de rosiers.

– Le cimetière.

– Vos parents y sont ?

– Ma mère.

– Je l'ai compris à votre regard... Et votre père ?

– Il est resté en Russie.

C'était une pente dont la terre était compacte, si caillouteuse qu'il fallait creuser les tombes au pic. Ce n'était pas pour rien qu'on l'avait réservée à ceux qui se contentaient de peu.

– Et maintenant, que reste-t-il à voir ?

– La visite de la métropole est terminée.

– Mais où sont les gens ? Autrefois le village fourmillait.

– Vous vous trompez, dit Leonardo.

Pourtant il pensait : « Non, il ne se trompe pas. Il y avait des gens même dans les étables : des réfugiés de la côte bombardée par les croiseurs. Dans le village collé à la roche ils étaient comme dans un nid. » Mais il ne lui donnerait pas la satisfaction de le lui dire, de le lui faire savoir. « D'autant que tôt ou tard il me dira ce qu'il cherche vraiment... Au fait, que veut-il de plus ? Nous sommes passés aux heures où tout le monde est dispersé dans les champs et nous avons quand même rencontré trois vieux, ou même quatre. »

– Si vous voulez rencontrer du monde, dit-il ensuite, pris de remords, il faut que nous allions à l'auberge plus tard, nous y trouverons quelques spécimens.

– Vous y tenez ?

– Moi non, je les vois tout le temps.

– Quelle sensation de vide.

– Je comprends. Un souvenir s'est effondré sous vos pieds.

– J'ai l'impression que vous vous amusez, mais ça n'a rien de gai. Et dire que nous avions appelé ce village Argèle-les-Rosiers.

– Je vous remercie encore pour ce nom.

– Ça n'a pas été difficile : il était plein de rosiers en fleur.

– Je suis désolé que le souvenir des roses pâlisse. Mais pâlir est le destin des souvenirs. Maintenant il vous restera celui de ce rayon d'or sur le lentisque.

– C'est vrai ! Ce mur, ce lentisque...

« Ça y est, il va me dire quelque chose. » Mais l'officier ne dit rien. « Il est comme moi, il est habitué à ne pas dire les choses jusqu'au bout. » Et presque pour le provoquer :

– Tout s'effondre en ce monde.

– Tout, c'est-à-dire ?

– Partout... Où est la France qui brandissait ses étendards de liberté, de justice, où est la Légion avec sa gloire ? Tout part à vau-l'eau, personne ne parle plus, personne ne dit plus rien.

– Je parie que vous avez été tenté de vous enrôler.

– Et qui ne l'a pas été ? Mais ici le dernier qui l'a fait était un assassin.

– Aujourd'hui ce n'est plus possible quand on a commis ce genre de délit... Quittons ces petites rues qui portent le deuil.

Le rocher de Beragna s'obscurcissait dans la pourpre, les ombres tombaient dans les oliviers.

– Il faudrait se hâter, si nous repassons de l'autre côté il y a encore beaucoup de lumière. Mais quand même, allez doucement : chez moi je prendrai la voiture et vous ramènerai.

– Cela ne vous ennuiera pas de conduire ?

– Bien sûr que non.

Il ne dit pas qu'il préférait marcher même s'il sentait dans ses os le temps d'un pays fatigué, surtout quand le soleil n'envoyait pas son message. A mesure qu'ils approchaient du rocher, on en voyait les bords polis, les saillies. Dans les oliviers aussi disparaissait le violet des ombres, l'obscurité submergeait les troncs. C'était l'heure où la chouette s'envolait sur les sommets et son chant traçait dans le ciel l'or de ses lignes et de ses points.

– Je suis sûr que de là-haut le spectacle vaut la peine.

– Le soleil qui s'en va y cisèle du cristal, particulièrement en hiver quand il tombe au large.

– Nous irons un jour prochain ?

– La montée est un peu dure, dit Leonardo.

Et il ajouta que ce n'était pas si haut, plutôt massif, et qu'au sommet il y avait un beau plateau qui dominait des gouffres d'azur.

– Il n'y a pas de végétation ?

– Des romarins, quelques chênes verts, un genêt. N'imaginez pas des chênes verts énormes, mais des arbustes.

– Et la chapelle ?

– Elle n'a pas de porte et l'été les martinets se faufilent par les fenêtres.

Leonardo sortit la voiture de sous l'appentis. Il conduisit lentement sur le chemin de terre, jusqu'à Argela, puis dans la descente toute en tournants. La colline d'en face était longue et noire sous les étoiles.

– Vous reconnaissez la route ?

– J'ai un peu de mal, mais je la reconnais.

– Vous étiez un curieux officier : à peine arrivé vous avez couvert le village de cadeaux.

Corbières rit.

– C'était la consigne, j'appartenais à une armée qui voulait séduire.

– Opération réussie. Compliments.

– Vous étiez affaiblis, et vous vous sentiez en faute. L'ordre était de panser les plaies de la guerre.

– Et aujourd'hui le monde fait de nouveau pitié ?

– C'est une question ? Je suis incapable d'y répondre.

Ils se trouvaient dans le fond de la vallée, entre deux collines qui, du côté de la mer, se rapprochaient jusqu'à se toucher. Deux très anciens éboulements n'avaient laissé que le squelette de la roche.

– Si vous voulez aller dans un bar, je prends à gauche.

– Qui y trouverons-nous ?

– Des débiles qui friment.

– Alors rentrons.

Il croisa l'Aurelia et prit à droite, vers la France, entre des immeubles tout récents. Pas un arbre, après qu'on avait fait mourir le grand magnolia. Ils tournèrent en direction de l'intérieur entre des maisons tout de guingois, se mirent à grimper : la route était cimentée, avec des stries en relief sans lesquelles les roues auraient glissé.

– Ils ont voulu construire sur les bords, mais la roche est creuse et elle ne tenait pas. Un jour ou l'autre la route aussi cédera.

– Comment montait-on là-haut autrefois ?

– Par un chemin muletier qui changeait de temps en temps.

Maintenant la route filait, revêtue de pavés et en pente légère, entre rochers et petits champs. Ici un champ de quelques dizaines de mètres était appelé le « champ long ». Sable et cailloux. Il n'y poussait ni vignes ni oliviers, seulement de l'herbe qui aimait le sec et qui sifflait, battue par la lumière de la mer du matin au soir. Puis apparurent dans les phares le vieux Vairara, des bastidons, des bergeries, et enfin le nouveau Vairara, Case a occidente.

– Il y a encore de la lumière au café. Vous voulez qu'on s'y arrête ?

– Il y a aussi de la lumière là-haut, à *Contre le vent*.

Un nom qui, pour Leonardo, sonnait sans chaleur.

– Qui l'a trouvé ?

– Quoi ?

– Ce nom.

– Alain, ou bien l'architecte. Il évoque l'idée de refuge.

– En aucun cas.
– Qu'est-ce que c'était, avant ?
– Une bergerie, avec un mazet.
– Il y avait un berger ?
– L'hiver.
– Et il a vendu ?
– Il est mort il y a quinze ou vingt ans, assassiné sur l'alpage. Il portait toutes ses économies dans sa besace : il ne faisait pas confiance aux banques. Son chien aussi a été tué, à coups de bâton.
– On a découvert les assassins ?
– Que voulez-vous qu'on trouve ? Quatre-vingts pour cent de crimes impunis.

Ils entrèrent dans le café. Il y avait une bande de jeunes, du même genre que ceux qu'ils avaient fuis en évitant le bar de la côte.
– Nous sommes vendredi ou samedi ?
– Vendredi.
– Le vendredi et le samedi, c'est sans espoir : ils sont tous dehors, dans les bars, ou alors ils font la course avec leurs voitures sur les promenades.

On ne pouvait savoir si Carla était fâchée ou contente de cette horde. « On n'arrive jamais à deviner quoi que ce soit sur ce visage nuageux. » Ce soir elle tournait entre les tables dans une étrange robe : fermée au col, mais décolletée en triangle juste sur les seins.
– Dis donc, toi, l'Afrique !

Ils apostrophaient un Noir qui venait d'entrer.
– Il va falloir le défendre, dit Corbières.

Mais c'était seulement pour plaisanter : peut-être appartenait-il à la bande, ce n'était pas un fugitif.
– C'est déprimant de rester ici, mon cher Corbières, mieux vaut partir.

Trop de jeunes ensemble donnait un sentiment de désespérance. Dieu sait pourquoi ! Triomphe animal du nombre. Ou peut-être à cause de cet air supérieur et vide, cet air d'usurpateurs. Mais usurpateurs de quoi ? Ils semblaient vouloir un monde qui ne valait plus la peine d'être disputé.

– Vous arrivez tard, bien tard, dit Véronique.

Par la porte ouverte entrait de l'obscurité une odeur de pittospores.

– C'est vrai, nous avons perdu du temps, dit Leonardo.

– Pour moi cela n'a pas été du temps gaspillé, dit Corbières.

– Qu'y avait-il à Argela ? demanda-t-elle. Le paradis et la mer ?

Son visage rayonnait, comme d'habitude. Dans ses yeux des ombres passaient. Il n'y avait qu'à se taire ou à faire des excuses.

– Quand la nuit est venue et que je vous savais sur ces sentiers... dit-elle encore.

Elle avait dû souffrir, malgré sa sécheresse de cœur. Il y avait de la mélancolie dans sa voix.

– Que ne font pas la nuit et l'obscurité ! dit-il.

– Parle, ne t'arrête pas. Qu'est-ce qu'elles font ?

– Je ne peux pas te le dire avec précision. Le passé revient, corps et âme, le temps pèse. Mais où est Alain ? demanda-t-il.

– Il est allé chez Astra. On nous y attend.

– Quelle est la situation, là-bas ?

– Je n'en sais rien.

La maison d'Astra, un peu plus bas, un peu plus au bord du vide, sur son éperon, avait une autre manière d'être à l'écart. Par chance, il y avait deux ou trois petits chênes pour empêcher d'avoir le vertige. Comme ils y descendaient, l'odeur des pittospores disparut et celle de la mer commença.

– Vous auriez pu me téléphoner, dit-elle. – Et sa voix était plus douce. – Un coup de téléphone ne vous coûtait rien.

Elle avait vu la voiture, en passant, un peu au-dessus du café plein de bruit. Maintenant on n'entendait plus que la pulsation des vagues : le ressac était fort.

– Quelle sorte de soirée est-ce là ? dit Corbières en entrant chez Astra.

– Que voulez-vous dire ?

– Cette table dressée, ces fleurs.

– Notre fils est de retour. Cinq ans que nous ne savions rien, et le voilà revenu.

Le jeune homme, yeux noisette, cheveux longs qui encadraient partiellement la figure, était debout à côté de la table. Il ne ressemblait à aucun de ses parents. Peut-être, en regardant bien, le front, pas large, légèrement convexe, pouvait-il être celui de De Ferri. Il n'avait rien de sa mère.

– Et le vieux et la petite fille ? demanda Leonardo.

– Ils se sont installés dans le garage.

– Ils ne dînent pas avec nous ?

– Ils ne veulent pas entrer. Ils se sont fait une espèce de niche avec des rideaux. Il refuse d'entrer dans la maison, poliment mais fermement.

Astra alla dans la cuisine avec Véronique. Leonardo s'assit dans un fauteuil à côté de De Ferri.

– Voulez-vous que nous allions voir les Kurdes ? Voulez-vous essayer de les faire venir ? Peut-être serez-vous plus convaincant.

– Si Astra n'a pas réussi... Le vieux couve toujours sa vengeance ?

– Il me semble que non. Espérons que ses fils viendront le reprendre.

– Dieu sait où ils sont allés.

– Ils sont les dons qu'apporte la nuit. Astra est folle d'amour pour tous. Un peu plus et elle en adopte.

A table Astra servait son fils avec un enthousiasme d'adolescente. Le jeune homme avait le visage adouci par une inexplicable distance. Alain était triste, très triste, et Véronique ne s'en occupait pas.

On sonna à la porte et De Ferri alla ouvrir. Un autre jeune homme entra. Le fils de De Ferri se leva. Ils s'embrassèrent. Il le fit asseoir. Ils le présentèrent : il s'appelait Virgilio.

Mais il n'avait rien de virgilien : visage dur, cheveux en brosse, regard froid, presque oblique.

Pendant qu'ils mangeaient, deux noms seulement résonnaient : Daniele ! Virgilio ! En les répétant constamment, Astra semblait heureuse de donner libre cours à son sentiment maternel. Leonardo parvint à comprendre, à certaines allusions, que Daniele était arrivé la veille de l'Équateur. Ce qu'il avait fait là-bas restait un mystère.

A la fin du dîner les deux jeunes gens se levèrent pour sortir. Ils dirent qu'avant de descendre sur la côte ils feraient un saut au bar.

– Faites attention en chemin, dit Astra, surveillez les alentours.

– N'ayez pas peur, madame, nous savons que nous sommes dans une zone à haut taux de criminalité.

– Je n'imaginais pas que je vivais dans une telle zone, dit Leonardo.

– Vous ne vous rendez probablement pas compte de ce qui s'y passe : commandos arabes de passage, passeurs de drogue... Il n'y a qu'une route où la densité de la délinquance est égale à celle-ci.

– Et c'est laquelle ?

– La ligne droite d'Albenga. Question crimes, c'est pas mal. Hier encore une jeune Albanaise y a été tuée. Elle a été retrouvée nue dans une serre dont les vitres avaient été fracassées.

– Et qui l'a tuée ? demanda Corbières.

– Vous devez savoir que cette route est pleine de femmes : Albanaises, Nigérianes, Russes, Bosniaques, toutes solidement tenues.

– Ça ne devrait pas être difficile de trouver l'assassin. Avec une police efficace...

– Et quand on l'aura pris, dit De Ferri, que croyez-vous qu'on lui fera ? Ce sera déjà bien si on ne lui donne pas une prime pour le consoler de la mésaventure qui l'a conduit à tuer.

– Quelle morale est-ce là ? demanda Corbières.

– La morale courante.

– Une morale vile. De quoi s'indigner.

– Une prostituée de plus ou de moins ! s'exclama Daniele en tapant sur l'épaule de son compagnon.

« Belle sortie ! pensa Leonardo. Avec ce visage angélique, aux yeux rêveurs. »

– Qu'est-ce que vous avez contre les prostituées ? demanda-t-il. Vous n'êtes quand même pas un moraliste de bas étage ?

– Je n'ai rien contre elles, rien non plus contre le crime, la drogue et tout le reste. D'où croyez-vous que vient l'argent, ici, sur votre côte ? Arrêtez le crime et vous arrêterez le monde.

– Eh bien ! qu'il s'arrête, dit Leonardo.

Alors Corbières intervint de nouveau :

– Toute la Méditerranée est un lac de larmes. – Et s'adressant à Daniele : – Mais que vous proclamiez aux quatre vents la nécessité du crime, que vous vous rangiez de son côté...

– Je n'aime pas votre mépris. Vous connaissez la réalité aussi bien que moi.

Et il ajouta que la construction sur la Riviera était financée par les caïds de la drogue.

Après cette leçon de réalisme, les deux garçons partirent.

De Ferri s'adressa à Leonardo à mi-voix :

– Ma femme l'aime, je ne l'aime pas. Nous en parlerons plus tard. Je ne voudrais pas être entendu, même de l'air qui nous entoure. Il en a fait de toutes les couleurs. Il a tous les vices possibles et imaginables.

Astra et Véronique étaient restées impassibles devant cette explosion de paroles. « Quelle sagesse ont les femmes... elles se transforment en statues au moment opportun. »

– Vous savez ce que j'en arrive à dire ? – Voilà que Corbières intervenait encore. – Il faut laisser ce monde aller à sa ruine, ou alors il faut le défendre sans que personne s'en aperçoive, en grand secret.

– Je n'aimais pas non plus leur façon de parler, dit Leonardo. Taux élevé, densité, Riviera…

– Dehors le ciel est étoilé, dit Véronique. Mais il fait nuit noire.

C'était une invite à ne pas continuer, à changer de sujet.

La nuit était vraiment noire, et froide, digne d'un printemps pourri, et le silence était toujours chargé de peur, celle du bruissement des pas clandestins. Alain était resté tout le temps silencieux et tête baissée. Ce devait être une nuit bien profonde, et qui venait de loin, que celle qui était descendue sur lui. Véronique regardait Leonardo d'un air inquiet. « Plus tard je te parlerai, je t'expliquerai, semblait-elle dire, les mystères de cette soirée. »

– Demain je vous invite tous chez moi, dit Leonardo. Ensuite je vous emmène dîner à Sultano. C'est un village qui est un peu plus à l'intérieur des terres qu'Argela.

– J'accepte volontiers, dit Corbières.

– Je préférerais après-demain, dit De Ferri, demain j'ai des choses à faire.

Ils sortirent. La lumière de la maison s'éparpillait dans les chênes. La nuit avec un peu de brise était mélodieuse.

Il baissa la vitre de sa voiture avant de partir. Véronique s'était approchée et se penchait. Sa tête était contre les étoiles.

– Surveille Alain. J'ai l'impression qu'il ne va pas bien.

Elle approuva d'un signe de la tête.

Il partit et descendit par les virages, puis par le long dos qui se profilait contre la mer. La nuit unissait les choses : rochers, buissons et mer dont se détachaient quelques traînées phosphorescentes. Dans les phares apparut une femme qui cherchait à se cacher derrière un genévrier : elle essayait de grimper sur le talus, mais elle glissait. Son sac était tombé.

Leonardo s'arrêta, instinctivement.

– N'ayez pas peur, ne fuyez pas.

Elle ramassa son sac. Il lui ouvrit la portière. Il redémarra. Elle était menue et blonde. Elle parlait un italien laborieux. Elle était bosniaque.

– Vous venez du bar ? demanda-t-il.

– J'étais au bar. Mais j'ai préféré descendre à pied, ne pas attendre que quelqu'un me ramène.

– Là haut la fête continue ?

Elle ne répondit pas. Il ne posa pas d'autres questions : elle ne voulait pas parler, elle était trop choquée.

Sur l'Aurelia éclairée il la vit mieux : un beau profil, délicat et concentré, et les yeux fatigués. Presque pas de seins.

Il lui demanda où elle voulait qu'il la dépose.

– A un arrêt du trolleybus.

Les trolleybus de nuit étaient rares. Ils consultèrent un horaire : il fallait attendre une heure. Il l'interrogea encore. Elle habitait une ville qui se trouvait à une vingtaine de kilomètres.

– Remontez dans la voiture, je vous emmène.

Elle portait un manteau court qui laissait ses jambes découvertes, elle avait un miroitement dans les cheveux et une odeur où se mêlaient tabac et parfums. Ils passèrent deux caps rocheux et deux agglomérations où des eucalyptus et des palmiers avaient survécu. A l'entrée de la ville où elle habitait, la route était constellée de filles à demi nues. L'une d'elles était princière.

– Elle est belle ! dit-il.

– C'est mon amie. Vous voulez aller avec elle ? Elle n'est pas chère.

– Ce n'est pas une question de prix.

– Vous avez peur qu'elle soit malade ?

– Ce n'est pas non plus pour ça.

– Fidèle ?

– Même pas. C'est fatigant de rompre la glace.

– Mais ce n'est même pas nécessaire.

Ils passèrent devant le casino et l'église russe.

– Je suis arrivée.

– Je voudrais vous offrir un verre.

– On peut aller au café du marché.

– Pas là ! C'est un café de gens qui travaillent. Allons dans un bar de gens qui ne font rien.

Elle le conduisit derrière le casino, dans la montée. La salle était presque obscure, avec des stalles noires. Elle était pleine de monde.

– Qu'est-ce que vous buvez ?

– Ce que vous boirez, vous. Pour moi c'est indifférent.

– Je voudrais savoir comment vous vous appelez.

– Donica, dit-elle.

– Et moi Leonardo.

Pendant qu'ils buvaient, il regarda autour de lui : des jeunes d'une gaieté excessive, têtes pleines de turbulences, et d'autres, surtout des filles, corps alanguis.

– Même ici je me sens gêné. Où pourrions-nous aller ?

– A cette heure ? Chez moi.

– Vous êtes trop jeune.

Il passa à travers un groupe de somnambules, dans un paradis dû aux médicaments, et alla payer. Il retourna à la table.

– Si vous voulez je vous laisse ici, dit-il.

– Ramenez-moi chez moi, s'il vous plaît. Ici je perdrais mon temps.

Dans la voiture elle lui donna son numéro de téléphone.

– Si un soir vous voulez appeler, entre cinq et sept je suis presque toujours à la maison.

« Le hasard me l'avait mise entre les mains, pensa-t-il en s'éloignant, je pouvais la suivre. Qu'est-ce que tu veux de plus ? Des jambes lisses, un beau profil. A ton âge et dans ta condition, aurais-tu encore peur des maladies ? »

Il sortit de la ville et la fille à l'air princier, dans une courte robe transparente, lui adressa un salut. « Elle n'a pas froid avec ce nylon ? » Elle le portait comme la soie de la nuit. La présence de la mer, à deux pas de là, qui brassait l'air, rachetait tout.

Le rivage finissait. « Maintenant j'entre dans ma vallée. Je dois endosser le manteau de la mélancolie. » Des versants de collines comme de profonds champs nocturnes. Il monta le long d'une de ces parois. A Argela il prit le chemin de terre de Beragna.

« Cette fois, c'est la fin. » Un pin était couché en travers de la route. « C'est pour moi qu'ils ont fait ça », pensa-t-il en faisant marche arrière et en frôlant le muret. Sur le bord de hautes terrasses s'effondraient. « Faire ça, stupidement, crever comme un rat ! » Il arrêta la voiture dans l'anse d'un ruisseau, s'enfonça dans le bois, monta à travers le maquis. Il sentait l'odeur de lentisque et de menthe sauvage. Il arriva finalement sur un terrain de culture, terrassé. Il y avait une vigne abandonnée et plus haut on entrevoyait, se découpant sur le ciel, les frondaisons d'une oliveraie.

« Le mieux est d'attendre l'aube, avec la première clarté je verrai ce qu'il faut faire. Peut-être qu'ils se sont lassés de m'attendre et qu'il n'y a plus personne. Merci, Donica, de m'avoir fait perdre du temps. » Il revoyait la soirée qu'il venait de passer, Véronique énigmatique et douce, le jeune homme qui discourait et qui, par ses paroles, ouvrait un chemin qui donnait sur un monde vieux, si vieux.

Quand vint le jour, il eut honte d'avoir eu peur, et s'en alla dormir chez lui. L'aube avait été rapide, une clarté éblouissante au-dessus des collines, puis deux longues taches roses qui flottaient dans l'azur. Même la terre, profilée dans le ciel, semblait légère. Terre et ciel donnaient vraiment l'impression d'être en voyage, avec les étoiles qui avaient laissé une trace, une braise éteinte sur ce rosier effiloché.

En retournant à Argela dans l'après-midi, il vit le pin transformé en rondins sur le bord du chemin. Les racines avaient été tranchées. Il s'informa au village en demandant si on l'avait abattu ou s'il était tombé de lui-même.

– La vieillesse ! dit quelqu'un.

D'autres soutenaient que cet hiver ses racines sortaient déjà du sol.

A l'auberge il n'avait jamais vu autant de gens qu'en cette fin de semaine. Même Medoro était là, grand et toujours silencieux quand on ne l'interrogeait pas. Il y avait deux musiciens, l'un avec un violon, l'autre avec un cornet à piston sous le bras. Ils ne jouaient pas encore, mais ils allaient attaquer d'un moment à l'autre.

– Tu vas entendre comme ils jouent : ils font parler leur instrument. Mais ils ont besoin d'avoir bu.

– C'est l'esprit du vin.

– Homme de vin, homme mesquin, dit un troisième.

« Ici nous sommes tous mesquins, pensait Leonardo, ici personne n'y échappe, sauf peut-être Medoro, qui a dans son cœur l'expérience de la mine. Argela, village où nul ne travaille plus sérieusement, où il n'y a plus de religion, maintenant que celle du travail a disparu. »

Les musiciens attaquèrent. Violon et cornet alternaient, mais ils s'arrêtaient tout le temps pour boire :

– A la compagnie !

La compagnie était impatiente. Puis le cornet prit le dessus : explosions de joie, mais brèves, interrompues. C'était lui qui menait. Le violon s'enroulait autour en volutes de plus en plus variées, jusqu'à ce que le cornet entre dans un adagio et poursuive comme à genoux dans un lamento. Alors le violon déploya ses ailes et partit à l'infini. Il rêvait et pleurait. Il martelait puis se remettait à pleurer.

– Que Dieu ait pitié de nous ! dit un spectateur. Je voudrais cette musique à mon enterrement.

– Moi je voudrais *La paloma*.

– Tu ne trouves pas que c'est un peu léger ?

Les musiciens étaient retournés boire.

– Plus ils boivent, mieux ils jouent.

– Ils font une musique plus ronde, plus complète.

– Mon Dieu, ayez pitié de leurs âmes d'ivrognes !

Quoi ? Medoro qui parlait sans motif ? Et à mi-voix. Mais seul Leonardo l'avait entendu, parce qu'il était tout près de lui.

Plus tard ils sortirent ensemble. Ils prirent par les ruelles du haut.

– Quelle maison y avait-il en cet endroit où tout est écroulé, sous ce lentisque ?

– Tant d'années ont passé.

– Cherche dans tes souvenirs. Qui habitait là ?

– Quand ?

– Au printemps de 1945.

– Qu'est-ce que ça peut te faire de le savoir ? Ce n'est plus qu'un tas de pierres, aujourd'hui.

Près du mur sur lequel s'étendait le lentisque un jeune amandier s'agitait légèrement. Il déversait dans l'air une lumière ténue.

– Allons-nous-en, tu as probablement raison. Tout cela est enterré.

– Quelque chose me revient à la mémoire, tout doucement. Aide-moi à me souvenir.

Peu à peu Medoro se souvenait et disait lentement, en pesant ses mots, comme d'habitude. Il y avait eu là deux filles, enfants de Robè di Colomba, des filles à soldats, les temps étaient durs. Elles avaient été sauvées du lynchage par un officier français.

– Et comment était-il, cet officier ?

Medoro lança un bras en avant et fit un geste comme pour dire : grandiose.

– C'était un homme, c'était un homme... Il voulait la justice et l'ordre, il ne voulait pas de vengeances.

– Si c'est toi qui me le dis...

Ils traversèrent le village, marchèrent dans une ruelle qui avait un petit portique et deux archivoltes, et au fond une petite madone avec des roses peintes.

– Un jour on dira : « Qui habitait ici ? Et dans toutes ces

masures de la campagne, à mener cette vie étriquée ? Pourquoi étaient-ils là ? »

– Je me demande à qui reviendra le dernier mot : aux ronces ?

– Sur les terrains arides ce sont les genêts épineux qui triomphent. Ils forment un beau tapis. Et puis là-dessus un incendie, et bonsoir !

Chapitre vingtième

– Cet arbre-là est celui à qui je parle le plus volontiers.

– Qu'est-ce qu'il a de particulier ?

– Il est plus solidement planté, il a un tronc qui est toute douleur, et peu de feuillage.

Corbières sourit.

– Et voilà ! dit-il. Un marin parle à une vague, tout est instable, et attention à la nuance. Vous vous cramponnez à ce qui est ferme.

– Il y a tant d'ombres flottantes. Mais auprès de cet arbre elles deviennent légères.

– Maintenant rejoignons les autres. Ils nous attendent.

Les autres étaient restés sur la terrasse attenante à la maison et étaient en train de bavarder. Ils étaient arrivés à pied, mais seulement d'Argela. Ils avaient laissé leurs voitures avant le chemin de terre.

Leonardo aida Corbières à descendre un escalier. Sur le suivant, Corbières s'assit.

– J'ai réfléchi à votre histoire, dit-il, un peu solennellement. – Chacun a sa manière de parler. – J'ai réfléchi à qui a intérêt à vous déloger d'ici. Quelqu'un veut peut-être mettre la main sur ce rocher. Personne ne vous a jamais demandé le droit de passer ?

– Jusqu'à maintenant, non.

– Vous verrez qu'on vous le demandera, puisqu'on ne peut arriver que par ici.

– Cela implique beaucoup de travaux.

– Le jeu en vaut la chandelle… En tout cas je ferai encore quelques investigations avant de partir. Et je voudrais vous parler de beaucoup d'autres choses.

– Pourquoi ne m'en parlez-vous pas tout de suite ?

– Nous sommes faits pour nous entendre, mais c'est délicat. Renvoyons ça à plus tard !

Ils avaient descendu deux autres petits escaliers et ils marchaient maintenant sur un sentier englué par le soir. On eût cru piétiner des couches de lumière. Corbières se retourna pour regarder encore une fois le rocher.

– Qui était là-haut pendant la guerre ?

– Les *bersaglieri*. Ils avaient une mitrailleuse antiaérienne. Mais pourquoi n'arriviez-vous pas ? Après le débarquement à Saint-Raphaël vous êtes restés à deux pas d'ici, un an durant, sans bouger. Vous vous reposiez ?

– C'étaient les ordres. Je suis venu presque jusqu'ici, une nuit, en patrouille.

De la crête venait un tintement de sabots ferrés. Un homme passait, droit sur sa mule, juché sur deux fagots de buissons. Tout autour l'azur s'éteignait.

– Qu'est-ce qu'il transporte ?

– De la broussaille et de l'herbe sèche. Pour la litière.

– J'avais oublié.

– La dernière mule d'Argela !

– Quand je suis venu, j'en ai compté une trentaine.

– Beaucoup les gardaient cachées, par peur des réquisitions. Trop étaient déjà mortes sur le front, pauvres mules !

– Nous ne les réquisitionnions pas. Et même, nous voulions leur fournir du fourrage.

Quatre pas, et ils furent parmi ceux qui les attendaient. Véronique était assise sur les racines d'un olivier, sa chevelure ravivait l'écorce. Son profil contre le bois.

– On va à Sultano ?

A Sultano la nuit était tranquille. Le ciel, vu du fond de la vallée, était un couvercle de bronze, avec des étoiles gravées sans halo. Astra se demanda à haute voix comment pouvait être la nuit à Vairara. Le soir précédent avait été tellement mouvementé, dit-elle, qu'elle avait fermé la porte et n'était plus sortie. Autrefois c'était beau d'avoir sa maison sur cette corniche, mais aujourd'hui elle était trop exposée aux passages. Si elle ne s'était pas attachée aux plantes et aux animaux qui tournaient autour (blaireaux, hérissons, renards) elle aurait demandé à son mari d'en chercher une autre.

– C'est un attachement réciproque, dit De Ferri, tu passes ton temps à leur donner à manger. D'ailleurs ça ne me déplaît pas.

– C'est vrai que nos liens se renforcent de jour en jour.

– Qu'est-ce que vous donnez aux blaireaux ? demanda Leonardo.

– Des fruits bien mûrs. Et du lait aux hérissons.

De la place, ils entrèrent dans le village. La rue principale était longue, entre des maisons hautes, et on ne voyait que des murs. Leonardo regrettait le bronze en fusion du ciel, ses frémissements.

– Je croyais que vous n'aviez pas d'enfants, quelqu'un avait dû me le dire.

– En fait c'est un enfant adoptif, dit Astra.

Elle et Leonardo étaient restés en arrière.

– Il n'a pas dû vous faire bonne impression, l'autre soir, dit-elle encore. Si au moins c'était une rébellion contre les injustices du monde. Mais je ne comprends pas après qui il en a.

– Il changera, dit Leonardo. – Il voulait rattraper les autres car ils ne connaissaient pas le chemin. – On ne garde pas grand-chose de ce qu'on pense quand on est jeune. – Puis il se corrigea : – On en garde toujours un peu, imaginons-nous à vingt ans.

– Avant il était différent, avant d'aller en Afrique et en Amérique. Je l'ai peut-être adopté un peu tard : il avait déjà dix ans.

Les autres s'étaient arrêtés là où la rue principale se divisait en deux branches, l'une qui montait et l'autre qui descendait. Ils prirent celle qui allait en bas et finissait sur un escalier presque dans le noir.

– Si vous permettez, je me tiens à votre bras, dit Astra.

Elle était douce et parfumée dans cette obscurité abrupte, et chancelait légèrement, elle n'avait pas le pas assuré de Véronique, la démarche souple qui s'accordait à n'importe quel genre de chemin.

L'auberge était située sur le bord du torrent. Elle avait deux salles, dans l'une on jouait aux cartes et l'autre, aménagée en restaurant, était ornée de trophées de chasse posés sur des consoles : pauvres têtes de sangliers empoussiérées par la mort, renards sinueux, écureuils accrochés à des branches de pin, fouines et belettes lustrées. Astra les regardait d'un air peiné. Tant qu'il était venu seul, Leonardo ne s'en était jamais soucié. Il y avait tant de types d'hommes dans le monde : ceux qui aimaient la nature morte et ceux qui aimaient la nature vivante, ceux qui nettoyaient les bois et ceux qui y mettaient le feu.

– Comment chasse-t-on le sanglier ?

– Avec cruauté, madame ! Des dizaines d'hommes et des dizaines de chiens contre une bête seule. – Et il ajouta : – Je sais ce que vous ressentez.

Elle posa une main sur la sienne. Être comprise lui suffisait peut-être. Elle s'était assise à côté de lui comme si elle voulait poursuivre la conversation. Véronique et Corbières leur faisaient face. Aux deux bouts de la table, De Ferri, la bonté inscrite sur son visage, et Alain, qui du fond de sa crise semblait invoquer le silence. De l'autre côté des vitres le bruissement des arbres alternait avec celui du torrent.

Corbières demanda ce qu'il y avait sur cette colline qui surplombait le village. Il était rare d'en voir de si abruptes, de si hautes.

– Des oliviers et des vignes, dit Leonardo, sur des terrasses étroites aménagées à la force des bras.

– La vie doit être dure.

– Elle est dure pour tous, hommes et végétation. Ici, c'est lorsqu'on meurt qu'on commence à se reposer un peu. Parce que, quand il dort, l'homme continue à s'activer sur sa campagne, il en entend la voix. Elle grogne même dans son sommeil.

Pour sortir ils traversèrent la salle où l'on jouait aux cartes. Personne ne leva la tête. Mais, tandis que Véronique passait entre les tables et le comptoir, une voix dit :

– Qui c'est, celle-là ?

« Ni toi ni moi n'en saurons jamais rien », pensa Leonardo. Dehors, elle avait l'air d'un grand oiseau, dressé dans l'air du torrent. « Elle semble au seuil d'un autre monde. » Elle passait ses doigts dans ses cheveux, les soulevait de son cou, et les protégeait avec une écharpe.

Ils remontèrent par l'escalier. Dans la rue principale l'air était encore plus vif que le long du torrent. La madone mal éclairée semblait avoir froid. Qui l'avait mise dans ce vent qui soufflait dans un ciel plus noir que bleu ?

Un homme – veste, écharpe et bâton – venait à leur rencontre d'un pas circonspect ; il reconnut Leonardo, salua la société, les invita dans son cellier. Celui-ci était blanchi à la chaux, sans fenêtres et tenu comme un salon. Courges suspendues, tresses d'ail, un lys dans une bouteille. L'homme offrit son meilleur vin. Il était digne et aimable ; sa manière de se mouvoir avec prudence, ses gestes lents étaient dus à une maladie des yeux.

– C'est un vin qui vous ressuscite, dit Corbières, je ne trouve pas d'autre comparaison. – Puis il ajouta : – Sultano... d'où vient ce nom ?

– De Turcs amenés ici par un consul génois. Plus haut, sur la crête, on a amené plus tard d'autres prisonniers, des Toscans capturés à la bataille navale de la Meloria.

Corbières dit que lui non plus, avec un vin pareil, ne serait jamais reparti. Alors l'homme, retenant mal un sourire, lui expliqua que le vin était venu après. A l'époque il y avait seulement des oliviers et des bois. C'étaient les Grecs, débarqués à Nice, qui avaient enseigné à greffer l'olivier sur le chêne vert.

– Et la vigne, qui l'a apportée ?

– Ceux qui allaient travailler en Provence, dans les années de vaches maigres.

Ils sortirent. L'homme les suivait dans la grand-rue à petits pas. Véronique attrapa la main de Leonardo, y blottit ses doigts. Ils attendirent et elle glissa son bras sous celui de l'homme. Sur la place se dressait la colline, paroi noire, anfractuosités et surplombs entre les étoiles. Une femme emmitouflée passa et dit que le fond de l'air était sournois.

L'homme demanda à Leonardo si le vin était vraiment bon.

– Moi non plus je ne trouve pas les mots qui conviennent, je ne suis pas à la hauteur.

– Il a déjà trois ans, je n'en ai plus fait depuis. Quand je l'aurai fini, ce sera fini.

– Nous vous remercions.

– Pouvez-vous me dire comment sont les collines vernies par la nuit ? Ma vue a baissé.

– Comme des ailes d'hirondelles.

Ils descendirent comme en volant, sous l'effet de ce vin.

– J'aurais voulu l'embrasser sur le front, dit Astra. Je regrette de ne pas l'avoir fait. Si j'habitais à Sultano je me sentirais protégée.

– C'est plus beau de nuit que de jour, dit Leonardo.

Ils roulaient dans le fond de la vallée. La colline s'abaissait peu à peu, avant de remonter au rocher de Beragna et de vibrer contre le ciel.

– Moi aussi ce village m'a plu, dit Véronique. La colline étoilée, les ruelles, la statue contre le mur crépi de bleu ciel.

– Chaque village en a une, dans cette vallée, dit Leonardo. Celle d'Argela est beaucoup plus petite, et installée dans un endroit plus abrité. – Il regarda dans le rétroviseur : De Ferri ne le suivait pas. Il ralentit et roula très lentement. – N'idéalisons pas trop ces villages, dit-il, ne croyez pas que tout ce qui brille est de l'or.

– Pour moi rien ne brille, dit Corbières, aucun luxe, mais il y a comme une vérité çà et là dans la poussière.

Ils montèrent à Argela. La route tournait : le virage du néflier, le virage de l'éboulement, et celui du précipice. En haut, ils descendirent de voiture pour attendre. On ne voyait toujours pas les phares.

– Ils se sont peut-être trompés de route ?

Corbières s'inquiétait.

– Alain la connaît, dit Véronique.

– J'ai très soif, soif d'eau, il n'y a pas une fontaine ?

– Venez avec moi, c'est à quelques pas, dit Leonardo.

Et il conduisit Corbières à l'intérieur du village, à la petite fontaine sous le portique. L'eau tombait dans un bassin moussu. Corbières but dans ses mains.

– Vous ne vous en souveniez pas ?

– Je ne peux quand même pas me souvenir de tout.

– Mais on se souvient d'une fontaine dans un village aride comme celui-ci.

– Avec la vie que j'ai menée, j'ai enterré bien d'autres souvenirs. Certains reviennent, mais comme des fantômes.

« Qu'est-ce que j'ai suscité ? pensa Leonardo. Chaque fois que j'ai plaisanté je m'en suis repenti. » Il allait dire que, oui, c'était vrai, une fontaine était une chose insignifiante ; mais Corbières s'était remis à parler :

– Je me suis trouvé dans de telles situations… d'une part un peuple sous le joug et de l'autre mes compatriotes qui exigeaient qu'on défende leur travail, leurs terres… Nous en sommes tous sortis écœurés. Avez-vous vu dans quel état est Alain, avez-vous jamais vu un homme aussi perdu ?

– Je ne sais pas, je n'en ai pas l'impression. Au début il me disait des choses très sages, avec des éclairs… Je ne sais pas, je ne sais comment vous expliquer.

– Et ainsi va l'humanité ! dit Corbières en s'asseyant sur

un banc de pierre sous le portique. Maintenant, là-bas, il est plus intoxiqué qu'avant, et pourtant nous avons bien fait de prendre le large. Parfois, les principes qui nous guidaient, ceux auxquels nous obéissions, se trouvaient en contradiction.

Corbières se leva, but de nouveau.

– C'est ici que dans le temps les mulets s'abreuvaient, dit Leonardo, et le chevrier se battait pour avoir le droit d'y faire boire ses chèvres, à la tombée de la nuit. Mais allons-y, on nous attend.

Les deux femmes s'appuyaient au coffre de la voiture, sous le chêne vert.

– Pour moi ils ont dû s'arrêter à la mer.

Alain et De Ferri arrivèrent. Ils avaient fait une pause sur la route, simplement parce que la tête leur tournait.

– Si vous voulez boire, il y a une fontaine.

– C'est inutile.

Ils dirent au revoir à Leonardo et remontèrent dans leur voiture. Ils étaient tous installés, mais Véronique s'attardait à regarder.

– Il doit y avoir des nuages sur la mer, dit-elle, il n'y a pas d'étoiles. – Et puis, à mi-voix à Leonardo : – Pourquoi ne viens-tu pas, toi aussi ?

– Je viendrai demain.

– Tu ne devrais pas rentrer à cette heure. Tu ne crains pas la tristesse ?

– Ce n'est pas grave et ça passe quand je suis chez moi, dit Leonardo.

Il partit à son tour avec sa voiture, par le chemin de terre, à vive allure pour s'écarter le plus vite possible de la route. Il s'arrêta entre deux oliviers et, en descendant de voiture, il se pencha. Il entendit un chuchotement, un appel à fleur de lèvres. Un souffle comme parfois en émettait la chouette.

– Luigi ! murmura-t-il.

C'était un homme qui déambulait dans la nuit à pas feutrés.

– Luigi, réponds ! répéta-t-il.

Un sifflement étouffé lui répondit, comme pour dire « Tais-toi ». Et, une fois allumée la lampe au-dessus de la porte de la maison, Luigi s'avança, un doigt sur les lèvres.

– Éteins la lumière.

– A condition que tu parles, dit Leonardo.

« Tu n'es pas encore fatigué, pensait-il, de tes silences et de tes courses nocturnes pour cacher une chose que tout le monde sait, fatigué de traîner un pauvre secret connu depuis cinquante ans ? »

– Si ça va bien pour toi, motus ! Ça va mal ? Motus ! Ne parle pas et tu n'auras jamais de regrets.

– Je les connais, tes leçons. Viens à l'intérieur.

– Je me sens plus à mon aise appuyé contre un olivier.

Il sortit sa gourde de sa poche, la tendit à Leonardo, qui en prit juste une gorgée.

– C'est du « bon docteur » ?

– Du romarin et de la grappa que je distille moi-même.

– Ça ne peut faire que du bien, c'est comme tes leçons, dit Leonardo.

« S'il est là, pensait-il, s'il est descendu de sa maison qui n'a plus qu'une moitié de toit, c'est qu'il veut me dire quelque chose. Je dois seulement l'aider à ne pas se méfier des mots. »

– Quel bon vent t'amène ?

– Si je te parle, cousin, tu oublies tout après ?

– Bien sûr que j'oublie.

Il appelait « cousin » tous ceux à qui il se confiait un peu. Et après il s'en repentait. Mais cette fois il semblait décidé à aller jusqu'au bout.

– Alors écoute-moi bien, dit-il dans un filet de voix. Ce matin j'ai travaillé de l'aube à l'aurore.

– Tu as fait ta demi-heure.

– Quand j'ai vu tout ce rouge, je me suis dit que ce n'était pas un jour pour travailler. Je suis allé dormir. Cette nuit je me suis levé et j'ai pensé : « Je vais faire un tour. »

– Pourquoi ne dors-tu pas, pourquoi ne trouves tu pas la paix ?

– Regarde cette main. Elle est nue et propre.

– Je le sais.

– Je n'ai jamais volé. J'en ai vu des choses dans ma vie. Cousin, laisse-moi finir. J'étais derrière un buisson : ils sont passés à quatre, sauf qu'il y en avait un qui était enveloppé dans une couverture, pour moi il était mort. S'il avait été blessé il se serait plaint.

– Quelle heure était-il ?

– Environ minuit. Maintenant, suffit. Je ne dis plus rien. Ne pose pas de questions. Contente-toi de savoir ce que tu sais.

« Je vais tout de même faire une tentative », pensa Leonardo ; et il dit :

– C'est vraiment trop peu.

– Eh ! non, cousin, si je te dis tout, après tu en sais plus que moi, car moi je ne sais pas ce que tu sais.

Et le silence plomba l'oliveraie. Branches accordées avec le ciel depuis leur naissance et, jusqu'à maintenant, sans mort. « Que ne vienne jamais le jour où quelqu'un les verra mourir. Nous, pauvres êtres perdus, nous ne le verrons pas. »

On entendit un sifflement doux, cadencé.

– La chouette !

– C'est l'*assiolo*. Il est plus tendre, plus mélancolique. Les Français l'appellent petit-duc.

Avant de s'en aller, Luigi lui tendit de nouveau la gourde.

– Je vois qu'il te plaît, cousin. Une de ces nuits je t'en apporterai une bouteille.

– Merci. Et sois tranquille.

Il partit de son pas feutré, par des chemins compliqués. « Comme tu payes cher, ami, ce que tu as commis il y a cinquante ans. » Le chant aussi s'envola loin. Puis il revint tout près. Il zigzaguait. Il entrait dans les cimes des arbres sans un froissement. « Tu étais absent depuis plusieurs années et tu es revenu. » On eût dit que les oliviers l'accompagnaient.

Chapitre vingt et unième

Après avoir passé le rocher, il prit le sentier qui montait à l'éperon. Ciel et mer étaient étales, la ligne qui les unissait était un azur aux taches ardentes. De temps en temps ces taches partaient en spirales.

– C'est une chance que tu sois venu, lui dit Véronique en ouvrant la grille.

Leonardo l'avait trouvée fermée et avait dû faire sonner la clochette.

– Les beaux jours ont commencé. Le printemps a mûri.

Ils montèrent les escaliers, entre les romarins qui tremblaient sur les terrasses. Escaliers et terrasses étaient exposés et il y passait des coups de vent.

– Tu n'as pas ton revolver sur toi, au moins ?

– Cette fois je l'ai pris.

– Il vaut mieux que tu le caches.

– Pourquoi, que se passe-t-il ?

– Cache-le, fais ce que je te dis. On ne peut pas nous voir de la maison.

– Il n'y a pas un trou ?

Elle le conduisit à un muret à moitié écroulé. Il souleva deux pierres et y mit l'arme. « Je ne sais si la lumière te revêt ou te creuse », pensa-t-il en regardant les traits tirés sous la chevelure dense. Les yeux étaient arides.

– Tu n'as pas dormi !

Elle n'avait pas pu, dit-elle, avec tout ce qui s'était passé pendant la nuit. Le Kurde avait été roué de coups de bâton et on avait enlevé la petite fille. En rentrant de Sultano, Astra avait trouvé l'homme sans connaissance et baignant dans son sang.

Elle se détacha du mur qui la protégeait.

– Allons-y ! lança-t-elle. Quand tu as sonné, ils étaient en train de nous interroger.

Et elle s'engagea sur l'escalier avec une douceur désespérée. Maintenant, une ample clarté à l'horizon avait absorbé aussi les traces de la ligne entre ciel et mer. Seul était resté l'Estérel couleur de plomb, à la dérive dans le soleil.

Dans la maison il trouva Corbières abattu sur fond d'indignation, Alain prostré comme à son habitude, et deux policiers cordiaux sur fond d'indifférence. L'un posait des questions et l'autre prenait des notes.

– Alors vous aussi vous étiez à Sultano ?

– Toute la soirée.

– De quelle heure à quelle heure ?

– Nous sommes partis à huit heures et nous avons dû revenir à une heure.

– Revenus où ?

– A Argela.

– Combien de temps y êtes-vous restés ?

– Je ne sais pas exactement. Nous sommes allés boire à une fontaine.

– Vous aviez deux voitures, qui les conduisait ?

– De Ferri et moi.

– Et De Ferri est arrivé à Argela longtemps après vous ?

– Pas plus d'une demi-heure.

– Parfait. C'est ce qu'ont dit aussi vos amis. Maintenant passons à des faits un peu plus personnels, si vous permettez.

Leonardo fit un signe d'assentiment. « Mais je dois être sec, pensait-il, ou ça n'en finira plus. »

– Vous connaissez les De Ferri ?

– Je crois que oui.

– Pourquoi ont-ils hébergé cette petite fille ?

– Par bonté.

– Vous connaissez aussi leur fils ?

– Il est arrivé récemment de l'Équateur. Avant je ne le connaissais pas.

– Il était avec vous hier soir ?

« Je ne peux pas mentir, pensa-t-il, les autres ont déjà dû lui dire qu'il n'était pas là. »

– Je ne l'ai pas vu.

– Donc il n'était pas avec vous. Ses parents vous ont-ils dit où il était allé ?

– Non, pas à moi.

– J'ai fini. Je vous remercie. Il est possible que vous soyez convoqué au commissariat, dit le policier.

Il tira de sa poche un téléphone portable et composa un numéro, demanda des nouvelles du vieux Kurde. Il écouta.

– Je croyais pouvoir l'interroger. Il agonise.

– Qu'est-ce que vous buvez, monsieur ? s'enquit Véronique.

Le policier demanda un café. Il avait un sourire triste et une cigarette constamment entre les doigts, allumée ou éteinte. Leonardo lui faisait concurrence et la pièce était remplie de fumée. L'interrogatoire avait été superficiel et maintenant c'était déjà la détente. Corbières demandait si on allait retrouver la petite fille et le commissaire (c'est ainsi qu'on l'avait appelé) répondait qu'il y avait trop de pistes à suivre, trop de mafias. On était sur la frontière : la petite fille pouvait être Dieu sait où.

Véronique revint avec le plateau, versa le café dans les tasses. Un rayon, à travers toute cette fumée, sauta de la cafetière sur sa main. Puis elle alla ouvrir la fenêtre et le ciel apparut sur l'escarpement. Ciel où passait un faucon, et qu'on eût dit de grès sans cette aile.

– Vous et moi, dit le commissaire, nous avons trop fumé.

– Ce qui se passe ici fait mal, il y faut un voile.

– Déchirez ce voile, dit Corbières, il faut y voir clair.

– Ma tâche est seulement de poser des questions et d'en

référer. Le vieux agonise, et qu'est-ce que j'éprouve ? La déception de ne pouvoir lui parler.

– Ils se sont seulement assurés que le fils d'Astra n'était pas avec nous hier soir, dit Alain dès que les policiers s'en furent allés.

Corbières confirma qu'ils avaient déjà leur idée. Il était déçu qu'ils n'aient pas entrepris une enquête plus large. Leonardo se taisait, convaincu que le garçon n'y était pour rien. Il ne pouvait en révéler les raisons. Puis il se dit en lui-même : « Cette terre cache tant de ces secrets, tant de squelettes dans des puits et dans ses ravins. » Les jours précédents on avait trouvé un Arabe sous le pont de l'autoroute. Officiellement il s'était jeté du pont, mais il avait reçu un coup de couteau dans la poitrine.

– Nous devons, dit Corbières, nous cuirasser. Je suis passé par des guerres de tout genre, mais je n'ai jamais été aussi exaspéré. Il ne fallait pas faire semblant d'être en paix.

– Si vous voulez mon avis, dit Véronique, allons chez Astra, au lieu de rester ici à discuter.

Ils sortirent. Ils descendirent à l'ombre d'une haie, puis par un raccourci entre les romarins. Sous les chênes il faisait déjà noir.

La porte s'ouvrit et Astra apparut. Elle était en larmes. Elle dit qu'il aurait mieux valu qu'elle ne voie jamais son fils, qu'elle aurait voulu mourir.

« Capable de se jeter dans le feu pour lui, pensait Leonardo, et capable de le maudire. »

– Mais il est innocent, dit-il.

Ces mots auxquels elle se raccrocha semblaient la rasséréner.

– Vous dites cela pour me consoler ?

– J'en suis sûr, je ne peux pas expliquer. Donnez-moi quelques jours.

– Je suis ici à attendre, je suis seule. Mon mari est allé à l'hôpital. Il semble que le vieux soit mourant.

Ils entrèrent. Et eux aussi se mirent à attendre.

De Ferri revint et dit qu'il n'y avait plus d'espoir pour le Kurde. La police cherchait Daniele et ne le trouvait pas. Elle cherchait aussi la petite fille, elle contrôlait toutes les voitures qui passaient la frontière, elle avait mis en alerte les informateurs de la pègre locale.

– Et ceux de la pègre internationale ? demanda Corbières.

– Je ne sais pas. Je vous dis ce que j'ai réussi à comprendre, dit De Ferri. – Puis il se tourna vers Astra : – Si Daniele est innocent, il reviendra.

Il donnait l'impression que cela ne lui déplaisait pas qu'il ait disparu.

– Depuis quand ne l'avez-vous pas vu ? demanda Leonardo.

– Depuis hier après-midi. Il est parti avant que nous ne montions chez vous.

– Où pensez-vous qu'ils soient allés ?

– Qui ?

– Les ravisseurs.

– Vers la mer, vers la via Aurelia.

– Et s'ils étaient allés vers l'intérieur, s'ils étaient passés par le rocher ?

– A pied avec la petite fille ? Il me semble plus probable qu'ils soient partis en voiture.

– Il ne faut rien écarter, dit Leonardo.

– Même la police semble impuissante.

– Dans une société malade, intervint Corbières, la police ne cherche qu'une chose, sa part de pouvoir.

Leonardo dit qu'il était désolé de les quitter, mais qu'il devait partir. Et il remonta au mur en ruine où il avait caché le revolver. Les pierres brillaient de la lumière du soir, une sorte de givre violet s'était attaché à toutes les terrasses. Sur la mer le bleu clair cédait du terrain. Il vit Véronique qui venait vers lui.

– Qu'est-ce que tu fais avec ce revolver ? Tu n'as pas l'intention de t'en servir ?

– Seulement pour me défendre.

– Ils ne se soucient pas de la petite fille. Personne n'en parle. Quel va être son sort ?

– Il ne suffit pas d'en parler, il faut la trouver. Pourquoi m'as-tu suivi ?

– Je ne sais pas, une impulsion. Tu avais un air décidé en partant. Tu ne m'as pas dit au revoir dans les formes.

Il la prit dans ses bras. Quatre os, mais revêtus de toute la tiédeur, de tout le luxe du monde.

– Tu viendras demain ?

– Si je peux.

Il lui semblait commencer un nouveau chemin. L'agression du vieux Kurde (un vieux qui ressemblait à un vieux d'autrefois), sa mort peut-être, l'enlèvement de la petite fille, avec sa jambe encore plâtrée, avaient jeté sur le monde une humiliation, une obscurité dégradantes. Il fallait agir avant que dans les ténèbres nocturnes on ne fasse franchir à la petite fille une autre étape vers sa disparition définitive.

Il alla à la recherche de Luigi. Une demi-heure de chemin depuis Beragna. Il le trouva devant la porte de sa maison en ruine.

– Je regrette de t'avoir parlé, je le regrette amèrement. Te mêle pas de mes affaires.

Il joua, du mieux qu'il pouvait, la carte qu'il avait en main :

– Pour un délit que tu as commis il y a des années, tu t'enfermes dans l'indifférence, une indifférence maladive.

Luigi resserra son poing sur les gravats tombés des murs. Il faisait trop sombre pour distinguer ses yeux.

– Cet homme était mon père. Il ne voulait pas me reconnaître.

– Nous avons tous un délit ou un autre derrière nous.

– Aujourd'hui je ne le ferais plus.

– Tu étais trop avide de justice. Tu as expié, avec tout le chemin que tu as fait.

– J'étais poursuivi par la nuit.

– Et qui ne l'est pas ?

Mais Luigi n'avait reconnu aucun des trois hommes qu'il avait vus passer.

– Si c'était une petite fille qu'ils portaient, essaye d'aller voir dans les forts de la frontière.

– Tu m'accompagnes ?

– Seulement parce que c'est toi, et que tu es une espèce de parent. Tu as ta lampe ?

– J'ai ma lampe et aussi autre chose.

– Moi aussi j'ai la petite sœur dans ma poche.

Ils allèrent vers les forts. Ils étaient sur des positions imprenables, tournés vers l'ouest, au-delà des oliveraies. Les épines s'enfonçaient dans les mains et même dans les jambes à travers l'étoffe du pantalon. Le sentier passait sur des pentes abruptes au milieu du chaos immobile des collines.

– La terre semble avoir dansé le tango et la mazurka.

– Va savoir si elle est sortie d'un coup de la mer, ou alors lentement.

– Ne parlons pas, ça vaut mieux. On entend de loin.

Il leur arrivait des odeurs d'absinthe, de lentisque, de romarin.

La voûte du premier fort était fendue et un morceau était tombé devant l'entrée. On ne passait pas, mais avec la lampe on pouvait voir à l'intérieur. A cent mètres il y en avait un autre, lui aussi démantelé. On y pénétrait par une grande brèche. La partie antérieure s'était détachée, mais le reste était intact.

– Ils ont travaillé à la va-vite, juste pour exécuter les clauses du traité de paix. Une mine par-ci, une mine par-là, en bâclant.

– C'est vrai qu'en comparaison de la ligne Maginot, avec ses couloirs, ses salles au cœur de la montagne… La France était riche, elle pouvait se le permettre. Si elle n'avait pas déjà été à genoux quand nous l'avons attaquée, on n'aurait pas fini de rire. On aurait dû attendre mille ans pour passer, et encore. Ils avaient de tout là-dedans : cigarettes, alcools.

– Quels alcools ? demanda Leonardo.

– Cognac, Cabanis, Ricard. Leur artillerie tirait juste. Au troisième coup ils ont fait mouche sur le train blindé.

– Regarde ce qu'il y a là.

Par terre, de la poussière piétinée, de grandes empreintes. Dans un coin, des branches et des feuilles sèches de ciste, tassées par le vent, et la carcasse d'un hérisson. Ces œuvres de la folie humaine servaient au moins à des animaux venus y mourir en paix.

– Selon moi, quelqu'un est passé ici. Où peut-il être allé ?

– Je ne sais pas. En France ou à Argela. Il peut aussi bien s'agir d'un chasseur.

– La chasse est fermée.

– Un braconnier, qui a attendu le sanglier, le soir.

– Nous sommes désorientés.

– Je t'avais dit de laisser tomber.

Ils retournèrent sur la crête. L'air tintait dans les genêts. Sur la mer, rugueuse sous la morsure de la tramontane, apparaissait déjà le rose du matin. Le sentier longeait des arêtes, entre des cistes qui s'ouvraient en silence. Plus bas, un voilier d'argent virait de bord en passant sur les oliviers. A différentes hauteurs la colline était avide de lumière. Au pied d'un rocher, le sentier bifurquait. Luigi habitait au nord, Leonardo vers la mer. Ils hésitèrent, avant de se dire au revoir.

– Repose-toi bien.

– A demain. S'ils sont à Argela ou aux environs, tu peux compter qu'ils sont dans la nasse. Rien ne m'échappe dans le pays.

Arbres et rochers étaient maintenant dans un halo lumineux. Leonardo pensa qu'il devait rester sur ses gardes. « J'entre dans une zone où nature et rêve finissent par se confondre. »

Chapitre vingt-deuxième

Il regardait Corbières dans l'éclair d'éternité qu'envoyait le soleil. La mer était d'ouest et sa lumière se ridait à l'orient.

– Quelle désillusion ! Je suis venu pour voir si les choses allaient un peu mieux ici qu'ailleurs.

– Vous ne me croirez pas, mais c'était ce que j'imaginais, dit Leonardo. J'aimerais connaître vos impressions.

– Ne me faites pas dire de banalités. Si j'ouvre le cahier de doléances, je ne réussirai plus à le refermer.

Véronique sortit de la maison et vint dans le jardin, entre les buissons chargés de soleil.

– Tu sais que Corbières est sur le départ ? Dis-lui, toi aussi, de rester encore.

– Il a vu désormais ce qu'il voulait voir. Pourquoi devrait-il rester ?

– Et qu'est-ce qu'il a vu ?

– La terre parcourue de crimes, cette terre qu'il a libérée, un mot qui ne veut plus rien dire… en somme quelque chose de semblable… à quand il avait vingt ans. Mais c'est lui qui doit le dire. Excusez-moi d'avoir parlé, c'est tout.

– Je ne peux pas parler, dit Corbières. C'est une dure loi.

– Dis-lui au moins que tu regrettes qu'il s'en aille.

– Bien sûr, je le regrette. Nous le regrettons tous et il le sait parfaitement.

– Je dois partir.

Il y avait un azur de glace sur la mer poussée de l'ouest qui se déversait à l'orient en lames argentées. Difficile de dire, même à soi-même, comment cette mer montait avant de se déverser dans un ailleurs imaginaire. A l'orient apparaissait et disparaissait un cordon de métaux.

– Moi aussi je suis lasse de cette terre de crimes, dit-elle. Je voudrais transporter mon corps ailleurs.

– Ailleurs ce n'est pas différent, n'exagérez pas à cause de mon départ. Le temps dont je disposais est sur le point de s'achever. J'ai revu ce que j'aimais, comme disait Leonardo. Je partirai ce soir. Je préfère voyager de nuit. Ma valise est prête.

– Vous êtes prévoyant, dit Leonardo. Moi, quand je partais, j'attendais toujours la dernière minute.

Les paroles de Corbières, Leonardo les comprit le soir, tandis qu'il le conduisait à la gare.

– Je vous recommande... Je vais faire maintenant un petit voyage, et puis, si je ne change pas d'idée, j'en ferai un plus grand et plus décisif.

– Vous ne pouvez pas le remettre ?

– Je ne veux pas attendre que le mal me dévaste.

Ils étaient encore dans la descente et la mer venait à leur rencontre, champ angélique sans vent.

– Que vouliez-vous me recommander ?

– Alain, naturellement, et Véronique, et puis une bonne vie, et puis rien.

A chaque tournant sur la colline, Corbières fixait l'horizon. Ou peut-être regardait-il un rocher, un arbre, en leur disant adieu ou en les inscrivant dans sa mémoire. « Ce sont probablement eux, la vie, pensait Leonardo, tandis que le bleu, qui monte là-bas au fond, est oubli et repos... Lui s'en va déjà, et entre nous la différence d'âge n'est pas grande. »

– Allons, soyons gais, dit Corbières, parlez-moi, dites-moi quelque chose.

– Écoutez, je ne vous laisse pas à Vintimille, je vous conduis jusqu'à Nice.

– J'ai la correspondance.

– Je préfère vous voir dans le train, installé dans votre wagon-lit.

– Je vous remercie.

– Vous nous avez aidés autrefois.

– Nous nous sommes aidés réciproquement.

Vu de l'autoroute le paysage se faisait plus vaste : des promontoires se découpaient au large, avec leurs crêtes et leurs ombres.

– Le ciel change, la nuit tombe.

– Ma dernière nuit sur la Méditerranée.

– Qu'a-t-elle, cette mer, que les autres mers n'ont pas ?

– Une lumière qui s'en détache toujours avec douceur. La mer peut être calme ou furieuse, la lumière est toujours la même. Je ne la rencontrerai plus jamais.

Leonardo ralentit pour que Corbières puisse jouir de la belle vue. Il pensait à un ailleurs sans lumière et sans ombre.

– J'aime cette allure de voiture à cheval, dit Corbières.

Pendant qu'ils descendaient sur Nice, la lumière avait levé l'ancre et se matérialisait au-delà des hauts washingtonias.

– Le ciel fait sa migration.

– Nous allons entrer en ville. Si vous voulez, vous pouvez accélérer.

La gare était surpeuplée. Des gens qui tournaient avec leurs valises, qui gesticulaient.

– Il a dû se passer quelque chose, un attentat.

C'était seulement une grève.

– Les Français, quand ils s'y mettent…

– J'aurais dû me renseigner.

– Retournons à Vairara. Restez encore quelques jours, ils seront si contents de vous revoir.

– La séparation a été dure, je ne veux pas revivre ça.

– Acceptez mon hospitalité. Ma maison est modeste, mais les arbres la protègent.

– Ils font plus que cela. Mais même là je me mettrais à remâcher. Désormais je suis en route. En attendant, allons boire.

Dans le bar, jonché de mégots et de sciure, il y avait une glace qui reflétait leurs visages de voyageurs en panne.

– Je connais une femme qui tient un hôtel. Vous pouvez me laisser là. C'est la veuve d'un ami qui a travaillé pour le Mossad. Disparu en Jordanie. Dès l'enfance il était tombé amoureux du rêve de Theodor Herzl : une terre, une patrie, Sion.

– Un rêve qui s'est réalisé.

– Tu dis ça ? Les épreuves ne sont pas encore finies.

(Parfois ils se disaient vous, parfois tu. Ils allaient peu à peu vers le tu.)

Ils montèrent sur la colline de Saint-Laurent. Le jardin était en pente, l'hôtel au milieu et, au fond, comme une digue violette, la baie des Anges.

– Vous êtes chez vous, dit la femme. Vous m'apportez une grande joie.

Elle les fit asseoir dans le jardin, sur des chaises en osier. Elle alla avec une jeune fille prendre la valise. Ils l'attendirent longtemps. Étrange jardin : quelques orangers, quelques mimosas, et beaucoup d'agaves ; la tendresse alternait avec la cruauté.

– Vous vous connaissez depuis longtemps ?

– Depuis l'époque où elle n'avait pas vingt ans.

Elle les rejoignit avec un plateau d'apéritifs. Une longue robe la moulait, qui avait beaucoup de transparences.

– Tu as toujours la même silhouette, lui dit Corbières.

La femme posa le plateau sur une petite table en marbre.

– Attendez-moi encore quelques instants.

Et elle retourna dans l'hôtel. Les instants étaient de longues minutes.

– Elle a changé de robe pour toi.

– C'est à elle que ça fait plaisir.

– Je te laisse en bonnes mains.

Le ciel se remplissait des étoiles habituelles. Une planète brillait sur l'agave. Quelle planète était-ce, en ce mois ?

La femme semblait ne devoir jamais revenir. Mais elle

revint. Elle versait continuellement à boire. Elle aussi buvait.

– Merci, Sara. Mais maintenant je ne bois plus, dit Corbières, j'ai un train demain matin.

– Vous ne m'avez pas encore dit d'où vous venez.

– De Vairara et d'Argela.

– Argela, je ne sais pas où c'est. Mais Vairara, c'est là qu'habite Véronique.

– Vous la connaissez ? demanda Leonardo.

– De temps en temps elle se réfugie ici.

– Vairara et Argela sont voisins, un rocher les sépare.

– Mais quel rocher ! dit Corbières.

Puis Sara et lui se mirent à parler familièrement. Les souvenirs affleuraient et, l'oubli rompu, quelques douleurs. Leonardo s'attendait à ce que Corbières dise quelque chose d'Argela, mais il semblait désormais ne plus y penser. Il s'en était vraiment séparé : d'Argela, d'Alain, de Véronique. Il savait où il allait, lui, et de le savoir ne le réjouissait pas. « Je me blottirais dans un coin de campagne, j'attendrais dans le linceul de la terre, là où le temps est léger autour d'une bouteille, parmi les toiles d'araignées. »

Sara les emmena voir le jardin : toujours ces agaves, ces orangers, ces mimosas. Ils regardèrent la mer au-delà d'un fossé de genêts et des lumières de la côte, puis le ciel.

– Regardez ces étoiles.

Et, tenant la tête renversée, elle ajouta :

– « Voie lactée ô sœur lumineuse / Des blancs ruisseaux de Canaan. »

On entrevoyait à travers les mailles son corps blanc, de la même couleur que les nébuleuses.

Dans les allées elle demanda à Corbières s'il avait beaucoup voyagé ces derniers temps. Où avait-il été, à part Argela ?

Corbières dit qu'il aurait aimé aller en Kabylie, il y avait perdu des camarades.

– Et tu as renoncé ?

– Une fois là-haut j'aurais été tranquille. Mais dans la plaine ils m'auraient égorgé.

– Là-haut ils ne tuent pas ?

– Ce sont des gens sobres, courageux et violents quand ils défendent leurs montagnes, mais loyaux, ils vous respectent si on vient en ami. Ils sont attachés à leurs villages, ils n'en descendent presque jamais. J'aurais vraiment aimé y retourner.

Elle s'accrocha à un arbuste ; pour se libérer elle ouvrit sa robe, découvrit un flanc souple et laiteux. L'allée se terminait. Au-delà, il y avait la baie, devenue une plaque d'ardoise. Le phare du cap d'Antibes envoyait ses éclats.

Ils revinrent à l'hôtel. Pendant le dîner elle dit que leurs chambres étaient prêtes. Aucun luxe, mais c'était silencieux. On entendait seulement quelques avions. Ils étaient près de l'aéroport.

– Si quelqu'un accompagne demain Corbières à la gare, dit Leonardo, je préférerais rentrer chez moi.

– Si on vous attend, si vous avez à faire…

– Personne ne m'attend, dit-il.

Et, comme s'il s'adressait à lui-même, il parla de la petite fille kurde. Il n'y avait pas de temps à perdre.

– Vous commencerez tout de suite à la chercher, dès cette nuit ?

– Peut-être.

Corbières dit qu'il était désolé de ne pouvoir l'aider.

De temps en temps un bourdonnement s'élevait des autres tables. Il n'y avait pas beaucoup de clients. Presque tous des gens âgés. Chaque table avait son éclairage, en forme de bougie ; la leur jetait sa flamme sur l'abîme d'un visage recueilli, sur des cheveux en cascade, sur une épaule et un sein presque nus. L'air y frémissait là où il rencontrait l'ombre.

– Mon mari aussi se fourrait dans des histoires dangereuses, en terre lointaine.

– Mais il avait ses raisons et il y croyait, dit Corbières.

– Je ne sais pas bien, je ne sais rien, dit Leonardo.

La femme, à qui cet éclairage mettait des cernes autour des yeux, dit que la mort frappait aussi ceux qui pourtant connaissaient le métier.

– Madame, je ferai attention.

– Seuls les militaires savent tomber, dit Corbières, en d'autres temps ils savaient ce qu'il fallait faire.

Il accompagnait Leonardo à sa voiture, avec Sara. De l'obscurité sourdait une odeur de fleurs d'oranger. En manière d'adieu, Leonardo lui rappela son premier séjour à Argela et sa gentillesse avec les habitants.

– C'était un devoir. Je devais vous faire oublier beaucoup de choses. J'espère que tu as bien vécu.

Leonardo ne dit rien. La voix de Sara lui parvint soudain, un murmure : elle parlait de nouveau de la Voie lactée et des blancs ruisseaux.

On voyait des étoiles doubles, des nébuleuses au zénith, au-dessus des rochers, et l'amas de la Vierge avec des pointes qui allaient vers la mer. Certains groupes semblaient des halos nuageux.

– Avec quelle rapidité, dit encore la femme, Apollinaire a pu passer du céleste au terrestre.

– Je vais dans d'autres directions, dit Corbières, je veux m'appauvrir. Et vous ? demanda-t-il à Leonardo.

« Nous en étions au tu, pensa Leonardo, et nous sommes revenus en arrière. »

– Nous seuls savons combien la terre peut être ingrate, dit-il.

Il monta dans sa voiture, baissa la vitre. Il regrettait de laisser un homme affaibli et fatigué.

– Bon voyage, et merci pour le dîner.

– Bon retour.

Il regarda dans le rétroviseur. Corbières fermait lentement la grille. « J'aurais pu rester. » Il fit la route avec des remords et, à Beragna, sur le seuil de sa maison, il observa de nouveau la Voie lactée.

Il alla dormir et, quand il se leva, la vigne était un brasier vert. Il la laissa pour gagner Vairara. Sur les versants pierreux resplendissait le jaune des genêts, au milieu du maquis. Les maisons anciennes et les maisons neuves étaient rongées par un azur qui allait se minéralisant.

Au café il trouva justement l'un de ceux qu'il cherchait. « Étrange comme les jeunes peuvent avoir un masque d'abandon. »

– Que faites-vous ici, Daniele, de si bon matin ?

– Et vous ?

– Comment s'est passée la nuit ?

– Banale, beaucoup de passages, aucun mort.

Naturellement ils finirent par parler de la Kurde disparue.

– Vous les jeunes, vous avez l'esprit agile, attentif : vous devriez me dire ce que vous en pensez.

Le jeune homme dit que la police aussi le soupçonnait de savoir quelque chose. Encore heureux qu'il ait un alibi en béton.

– Pendant que vous dîniez à Sultano, vous, cet éminent capitaine ou colonel en retraite, mon père, ma mère et ce couple d'aventuriers français, j'étais à une fête de Russes. J'aurai trente témoins.

– C'est presque trop. Et où avait lieu la fête ?

La fête avait lieu au Flibuster, en France, sur un cap de rochers blancs. Les serveurs avaient un couteau entre les dents, et on pouvait jeter les assiettes et les verres contre les murs.

– Une comédie pour la nouvelle mafia, une comédie de la brutalité.

– Mais les Russes ne sont certainement pas hommes à enlever une Kurde quelconque, avec toutes les femmes qu'ils ont. Ils ont bien d'autres chats à fouetter.

– Ne faites pas le mystérieux, dit Leonardo.

Il ne supportait pas l'ironie qui filtrait de ce visage, avec son air de douceur et de bonté. A ce moment Alain entra. Il portait un panier plein avec sur le dessus un bouquet de roses couleur du soleil. Il le posa sur une chaise.

– Je suis allé faire les courses, dit-il.

– Véronique n'est pas bien ?

– Elle avait sommeil. J'ai interrompu votre conversation ?

– Daniele me parlait d'une fête de Russes, là-bas sur la côte.

– Vous voulez acheter une villa de luxe, dit le jeune homme, des diamants, une bombe atomique, un tableau ? Vous êtes passionnés d'art ? Que voulez-vous acheter ? Une fille de Pétersbourg ? Ou préférez-vous une blonde platinée lettonne ?

– On sait déjà tout ça. On connaît les razzias des Russes. Et les razzieurs sont presque tous d'anciens agents du KGB. Ils n'ont aucun scrupule, ils ont été élevés comme ça.

Alain parlait sérieusement. Il dit aussi qu'un groupe de femmes, qui refusaient de se soumettre, avaient été tuées dans une villa au Cannet.

– Ce n'est pas parce qu'elles se sont rebellées, dit Daniele, c'est une lutte entre bandes rivales. Mais il y a un tas d'autres femmes, et de tous les âges.

– J'aimerais vous raconter une histoire de Russes, dit Leonardo, du temps où ils venaient hiverner à Monte-Carlo et louaient l'orphéon de mon village. Mais vous me prendriez pour un réactionnaire.

– Ils avaient une âme double ? demanda Alain, voyant que Leonardo ne poursuivait pas. Cruelle et éprise de musique ? Esclavagiste et messianique ? Michelet disait : « La Russie c'est le choléra. » Mais dans le même temps la sainteté y fleurissait.

– Non, ce n'est pas ça, mais je ne la raconterai pas.

– Je m'en vais, dit Daniele. Vous verrez que les gens du commissariat viendront me chercher.

Et avant de partir il offrit encore les marchandises des Russes : femmes, tableaux, soirées.

– Tu ne vas pas travailler ? demanda Alain à Leonardo.

– Ça ne rend guère : pas plus la vigne que l'oliveraie.

– C'est pénible de parler avec les jeunes : ils ne connaissent pas les mondes qui se sont écroulés derrière nous. Comment ça s'est passé hier avec Corbières, tu l'as mis dans le train ?

– Il n'est pas parti. Il est resté dans un bon hôtel. Il y avait une grève. Ces Français, pour les grèves, ils sont imbattables.

– Il a été mon commandant en Afrique du Nord.

– L'un de vous me l'a déjà dit.

– Il était courageux et honnête. Une nuit, ici, il a déliré.

– Qu'est-ce qu'il disait ?

– Je n'ai pas compris.

L'azur cognait à toutes les vitres. C'était un azur clair et liquide, il n'était plus le même qu'à l'heure précédente. Il favorisait l'oïdium et autres champignons, la vigne aurait besoin de la bouillie bordelaise. « Si je peux, avant la nuit, j'irai faire une pulvérisation. » Sur le panier les roses se fanaient.

– Tu ne remontes pas chez Véronique ?

– Je pense qu'elle dort encore, elle est rentrée au matin.

Carla arriva, toute débraillée, elle proposa une autre bouteille de vin blanc. Elle l'avait déjà mise dans la glace.

– L'humidité augmente, on ne respire pas.

– Et il ne pleut pas, dit Leonardo.

Il regarda le ciel qui tournait au sec : l'azur était de nouveau vif, veiné de carmin là où passait le vent. Dessous, dans le ravin, l'ombre semblait un flot de pierres.

Alain parlait de sa femme. Il disait qu'elle rentrait de plus en plus tard, souvent au matin.

– Tu verrais son sourire, ses traits tirés ! Elle a l'air de s'excuser, comme si elle entrait dans une maison étrangère. Je n'arrive pas à comprendre ce qui lui est arrivé.

Il dit encore que la passion de Véronique pour la maison, le jardin, les heures de lumière était finie.

– Il me semble que tu veux exagérer, que tu te laisses aller au ressentiment.

– Si tu la voyais quand elle revient, avec les yeux avides et absents. Quelque chose est fini : pas seulement le lien, mais même le fil qui, d'une certaine manière, nous maintenait unis. Si je pouvais, si ma dignité me le permettait, je voudrais la suivre pour voir comment elle passe ses nuits.

– Mais, en dépit de tout, vous êtes toujours compagnons.

– Elle est redevenue telle qu'elle était quand je l'ai connue : virginale et tout ironie. Son visage a des passages à vide imprévisibles.

– Elle regarde tout ce qui nous assiège.

– Il y a un beau ciel, une mer.

– Et au-delà de ce beau tableau, quoi pour nous consoler ?

– Si nous cherchons les points morts...

Ils s'arrêtèrent de parler. La serveuse était à un pas.

– Vous voulez rester à midi ? Si vous ne restez pas, j'aimerais fermer une heure. Ou alors je vous laisse la clef.

Ils lui dirent qu'ils devaient s'en aller.

Alain prit son panier. Dehors il y avait un peu de vent, les villages scintillaient sur les hauteurs.

– Je te dirais bien de monter, mais je crains que Véronique ne dorme encore. J'ai l'impression qu'elle est sur le point de me quitter.

– Elle ne te quittera pas tant que tu auras besoin d'elle. Et puis tu lui apportes des roses, tu fais les courses.

Sa tristesse de s'en aller, de parcourir un sentier de solitude était compensée par sa liberté de mouvement. Il aurait voulu ouvrir son imagination à d'autres horizons. Il repensait à sa recherche, qu'il avait tendance à oublier. Et c'était une double recherche : qui lui avait tiré dessus, qui avait enlevé la petite Kurde ? Il repensait à la musique de la fin du temps, aux rêves et aux voyages que lui avait fait faire Véronique, aux petits ailleurs dont elle lui avait ouvert les portes, à la grive exposée aux coups de fusil, qui chantait dans l'hiver.

L'après-midi il travailla dans la vigne. Les grappes se consolidaient. Elles n'étaient pas très fournies : les grains étaient un peu clairsemés, de la moisissure apparaissait sur les feuilles. Les ceps étaient affaiblis par l'araignée rouge. Le soir le faucon se montra dans le ciel. Dans la lumière décroissante les abeilles retournaient à la ruche sous l'appentis. Celles qui revenaient de fleurs polluées par les pesticides volaient plus lentement, émettaient un bourdonnement plus léger et s'arrêtaient pour mourir devant les fentes de la porte. Elles tournaient leur tête cunéiforme dans tous les sens, puis la repliaient pour toujours. Elles n'entraient pas pour ne pas empoisonner la reine. Les nettoyeuses arrivaient et les jetaient à bas du petit perchoir.

La lumière s'éloignait comme un son d'orgue et il pensait à la reine, aux ouvrières, aux architectes, aux butineuses. « Monarchie ou république ? Ou bien bandes, sectes et partis montent-ils et descendent-ils comme la marée sous l'influence de la lune ? » Il s'agissait d'un ordre différent. Il pensait à l'abeille qui n'avait pas voulu piquer le Christ sur la croix.

Puis le rose du silence s'éteignit et des sons parvinrent de très loin. Après le dîner il alluma la radio, qui était réglée sur France-Musique. Mais une station locale venait régulièrement s'interposer pour imposer sa musique avec la suffisance que lui donnait le droit d'être chez elle. Alors il alla dehors et regarda les soucis et les valérianes qui ondulaient. « Attention à la nuit », dit-il.

Chapitre vingt-troisième

Le soir venait tout juste d'abandonner le village.

Medoro se tenait dans le coin de l'auberge, replié sur lui-même, il ne parlait à personne. Pourtant, quand il vit Leonardo, il eut dans les yeux un éclair d'amitié.

– Tu as l'air soucieux. Je te dérange ?

– Tu ne me déranges pas du tout. J'étais en train de me demander... et puis non, je préfère ne pas te le dire. Les oliviers que nous avons taillés commencent à reprendre ? C'est pitié qu'il ne pleuve pas. Donne-leur un peu d'eau.

– Ce soir ils étaient dans un incendie, dit Leonardo.

Il revoyait les branches léchées par le feu et par un azur calciné. Dans l'herbe les braises semblaient éparpillées.

– Si ça continue ainsi... Mieux vaut ne rien dire : déjà je déteste l'été, mais si en plus il arrive sur un terrain sec...

Le ciel de feu s'était éteint. Un nuage teinté avait erré sur les rochers, chargé de tout sauf de pluie. Les martinets s'étaient amusés à le traverser.

– Un de ces jours je viendrai voir un peu, dit encore Medoro, si ça ne t'ennuie pas.

– Viens quand tu veux. Mais c'est mieux si tu me préviens. Je ne voudrais pas être absent.

– Si je ne te trouve pas, ne t'en fais pas.

– Tu apporteras tes outils ?

– Oui, je les apporterai.

– Alors mets-toi à travailler à ton idée, là où il te semblera que le jeu en vaut la chandelle.

Medoro écarta les bras, qui, quand il était assis, semblaient toucher terre. Il dit qu'il n'y avait plus rien de sûr, qu'il n'y avait plus ni Père, ni Fils, ni Saint-Esprit qui puisse rien garantir.

– Tout est ainsi de nos jours, dit Leonardo.

Et il parla à Medoro comme il se serait parlé à lui-même. Il fit un résumé des derniers épisodes de sa vie. On lui avait tiré dessus, il avait approfondi son amitié pour une femme qui vivait à Vairara avec un homme qui avait combattu en Algérie. Là-bas, cet homme avait dû en voir de toutes les couleurs. Son commandant était venu les voir. En réalité il était malade et cherchait un endroit où mourir. Il était déjà venu à Argela comme sous-lieutenant en 1945.

– C'est l'officier dont tu me parlais l'autre jour ?

– Oui, sous le mur aux lentisques.

Ils sortirent. Finie, la splendeur du soir. Il faisait nuit. Dans l'obscurité, les portes des écuries apparaissaient et disparaissaient. Les balcons étaient croulants.

– Ce village est mourant.

– Tu es allé ailleurs ?

– Je suis allé en Afrique, quand j'étais jeune.

– Tu ne t'es pas aperçu que le monde entier est un village ?

Leonardo ne répondit pas. Il était content d'être avec un homme qui ne se laissait pas abattre. « Peut-être est-ce lui qui peut m'aider à chercher, un homme qui ne sent pas la fin du temps. Il marche encore sur une terre que soutiennent les vieilles terrasses. »

Au-dessus d'eux la cloche sonna l'heure du repos. Sous le lampadaire une hirondelle tenta un trille, se réinstalla sur le fil qui bourdonnait.

– J'ai passé plusieurs nuits sur les sentiers de la frontière.

– Dans quel but ?

– Je ne le sais pas moi-même...

Devant la porte de la haute maison de Medoro le figuier bruissait. L'air descendait de la montagne, avec des odeurs de foin.

– Cette nuit je repenserai à ce que tu m'as dit. J'espère pouvoir t'aider.

– A découvrir qui m'a tiré dessus ? C'est de l'histoire ancienne.

– Tu crois ça.

– Bonne nuit.

Il s'en alla seul. Silence. Tout s'estompait, dans une sorte de lassitude. Même la tentative à peine ébauchée d'une nouvelle recherche. « Et Alain et Véronique, que font-ils donc là, face à la mer ? Si j'avais, moi aussi, un endroit comme celui-là, je m'étourdirais de choses éternelles : amour, rochers, mer. Et je laisserais le temps filer. »

Il dormit la moitié de la nuit, l'autre moitié il alla sur les sentiers de la frontière. Pourquoi le faisait-il ? Il ne le savait pas bien. On voyait passer de tout sur ces raccourcis : des hommes à moitié nus, d'autres avec des casaques et de courts cafetans. Un désespoir silencieux errait sur ces pierres et corrodait le cœur. C'étaient des passages sans cruautés. A l'aube il se dirigea vers le café et attendit que Carla ouvre.

Il entra quand elle était encore en train de laver par terre.

Il prit son petit déjeuner en regardant la côte. La mer faisait son œuvre de lumière sur les roches, sur les maisons ; elle se soulevait lentement dans le ciel qui lui était fraternel.

– Je voudrais encore un pot de café léger.

– Tous les autres le veulent fort.

– J'ai la gorge sèche.

Et comme elle parlait et semblait expansive, il lui demanda si elle avait vu Véronique.

– Hier soir. Maintenant elle a ramassé un type qui ressemble à un joueur de tennis, avec quelque chose d'un chanteur, un peu l'un, un peu l'autre.

– De nos jours, il faut bien se contenter de ce qu'il y a. Mendiants de la nuit et fainéants.

– Il n'y aura jamais rien de mieux ?

– Les hommes vous déçoivent ?

Elle tergiversa. Puis elle dit :

– Ils sont infantiles.

Elle le disait à contrecœur.

Il regarda de nouveau la mer. Elle s'élevait, étincelait, s'écroulait. S'il avait pu l'aider à se répandre, avec sa lumière, à avancer sur les rivages.

Elle dit qu'elle venait de voir Véronique sortir de chez elle. Ils attendirent qu'elle arrive, mais elle n'arrivait pas. Leonardo alla la chercher dans le jardin. L'air battait sur les rochers et tournait dans les iris. Elle était à genoux sur un homme derrière leurs tiges : elle se soutenait sur ses bras, la tête renversée, et se détacha brusquement, profil déserté par le plaisir.

Il repartit sans être vu. Les buissons le protégeaient. Il repartait chez lui, il n'avait pas envie de retourner au café. Le rocher avec ses faucons lui était presque un réconfort.

En chemin, il revoyait Véronique soudée à la terre. Puis il l'imagina en train de se rhabiller et de parler avec douceur dans les remous ocre du matin. Elle était une pierre arrêtée. Elle procurait rêves et voyages. Elle ne voyageait pas.

Les buissons à perles étaient en fleur dans le ruisseau à sec qui traversait sa campagne. Ils blanchissaient dans un sillon d'ombre.

Il pensa qu'enfant il s'y retirait et, de là, contemplait les murs escarpés et les terrasses baignées de ciel. Les jours, alors, n'étaient pas comptés.

Chapitre vingt-quatrième

– Vent et nuages volent, voilà pourquoi tu te montres ici.

Il était entré dans l'auberge d'Argela, s'était assis avec la compagnie qui parlait cultures. Ils se réunissaient seulement le dimanche et discutaient sulfate, *filotripide*, araignée rouge, floraison et chute des feuilles, endroits lointains et murs à refaire.

– Ce sont des nuages avant-coureurs, dit un autre. Sois certain qu'il ne pleuvra pas.

– Il peut tomber quelques gouttes, mais elles seront balayées par le mistral qui les pousse.

– Le mistral arrive ?

– J'ai vu des cyprès et des pins qui pliaient, sur le col de San Giacomo.

Dans le chaos des nuages frémissants, il y avait encore au-dessus d'Argela une déchirure de ciel bleu dans laquelle les martinets plongeaient au-delà du vent. C'était un ciel bleu qui semblait en verre.

– Si le mistral vient les feuilles n'auront pas de taches.

Le mistral chassait brouillards et moisissures, ne laissait s'installer aucune maladie.

– Il aurait mieux valu qu'il vienne en mars, les fleurs ne seraient pas restées aveugles.

– Ne crois pas ça, en mars aussi il fait ses ravages.

– Forcément. Ta campagne est sur un sommet et tu as abattu les pins. Il arrive tout droit.

– Une année il est venu en juin et il m'a dévasté. Toutes les grappes par terre.

Medoro arriva et resta au comptoir, un coude posé sur le marbre. Leonardo alla le chercher.

– Je suis en compagnie, viens t'asseoir.

– Ils parlent de choses que je sais déjà.

– Moi j'aime les écouter.

– Je reste un peu ici, et après je viens.

Mais il vint tout de suite parce que Arancio était entré, son accordéon accroché à l'épaule.

– Attaque, avec tes chansons.

– Comme ça, tout de suite. Laissez-moi respirer.

Il s'assit jambes écartées et leva les yeux, flaques d'un bleu boueux. Le prélude triste imitait le vent, puis il leur tourna le dos et attaqua la chanson des Alpes-Maritimes.

– *Giglio della montagna e fronte limpida di mia madre vi ho cercato sulla terrazza sagrada* [1]...

Paroles et musique tombaient et tintaient.

– Arrête ça, chante quelque chose de plus gai.

– Ce n'est pas pour rien que je me suis tourné de l'autre côté. – Il reposa son instrument, qui geignit sur la chaise. – Peu à peu j'en serais venu aux choses qui vous plaisent.

Ses lèvres étaient tellement contractées qu'il semblait avoir un bec-de-lièvre.

– Attaque avec la *Mulattiera argentata* [2].

– Tu ne vas quand même pas me faire passer d'une mère à une route ?

Celui qui préférait la *Mulattiera* était l'homme qui n'avait pas voulu débourser une lire pour l'éclairage du cimetière, sous prétexte que les morts ne lisent pas le journal.

– Vous voulez que je vous dise ? Pour l'instant je ne chante rien, après on verra.

– Si Arancio ne chante pas, dit Medoro, on peut aussi bien s'en aller.

1. Lys de la montagne et front pur de ma mère je vous ai cherchés sur la terrasse sacrée.

2. Le chemin muletier d'argent.

Leonardo accepta à regret.

– Il est possible qu'il se décide plus tard, disait-il en suivant Medoro.

Ces chansons lui plaisaient. Pourquoi avaient-ils interrompu *Giglio della montagna* ? Elle en avait fait verser, des larmes, cette chanson, sur les longs trajets d'Argela, plus longs que les crépuscules, deux heures pour revenir des champs éloignés. Chemins pavés de gens qui chantaient.

Ils passèrent devant des pigeonniers vides, des écuries sans odeurs. La déchirure de ciel bleu s'élargissait. Triste gaspillage de nuages que l'azur réabsorbait.

– Ils sont infaillibles, ils avaient bien dit qu'il ne pleuvrait pas.

– Prévois le pire et tu ne te tromperas jamais, dit Medoro.

Puis il demanda des nouvelles de sa vie et de sa santé.

– J'en suis toujours au point de départ. Là où j'en étais quand je suis sorti de l'hôpital.

– Et c'était comment, à l'hôpital ?

– C'était un peu triste. On est mieux en prison.

– Tu y as été ?

– Tu ne te souviens pas ? Peut-être étais-tu ailleurs.

– Qu'est-ce que tu avais fabriqué ?

– Ça s'est passé comme ça. Un anarchiste espagnol a débarqué. Il voulait passer la frontière avec une valise qui pesait comme du plomb, lui était maigre comme un clou. Il faisait nuit noire, je n'avais pas envie de l'aider à passer par les rochers. J'ai pris la voiture, à la douane ils nous ont fait ouvrir le coffre. Lui, il m'a lancé un « *Salud !* » et s'est carapaté dans le vallon de San Luigi. La valise était pleine d'armes. Moi j'en ai pris pour six mois, c'était la vie de château, on était peinards. L'esprit se crée des antidotes. Jamais allé aussi loin.

– Tu aurais aussi bien pu faire ça chez toi.

– Ce n'est pas pareil. Il y a toujours des problèmes. Un océan de chausse-trappes. Mais c'est pas facile de rester en prison, entre les amnisties et les grâces on te fout à la porte.

Dégage, file dans le monde ! T'es quand même pas né pour vivre en paix !

– Dans quelle prison étais-tu ?

– A Santa Tecla. Bah ! C'est peut-être un hasard que j'y aie été heureux. Il y a des périodes où tout te semble beau, tu deviens imprudent.

– Moi aussi j'ai eu mes jours de félicité. Mais je te raconterai ça une autre fois. C'est un peu long. Je viendrai de nouveau émonder quelques oliviers, un de ces jours.

En allant chez lui il regardait l'air. Plusieurs couches s'y succédaient, en partant du haut : une qui était claire, une qui était nuageuse, une autre qui était encore vide mais qui, sur les rochers et les oliviers, formait des épaisseurs minérales, des routes fossiles. « En Espagne l'air est presque toujours doré au contact de la terre. » Et il repensa à cet anarchiste qui s'était fait pincer à la gare de Barcelone. Il avait été pris dès la descente du train. Un homme osseux et nerveux. Il avait conservé le journal avec sa photo. « Ces yeux sont toujours restés imprimés dans ma mémoire. » Puis il pensa que l'Espagne était passée à la liberté sans douleur. Elle avait déjà eu son bain de sang.

Il arriva sur sa campagne. Il vit Véronique et Sara. « Que font-elles ici, que s'est-il encore passé ? » Elles étaient assises au pied de l'olivier au tronc ondulé comme un orgue. Il demanda si elles étaient là depuis longtemps. S'il avait su il ne se serait pas arrêté au village. Près de Sara luisaient des rameaux de néflier avec fruits et feuilles. Le soleil tombait sur les jambes nerveuses de Véronique, dorait sa nuque, le haut de son dos.

– Nous avons chapardé une branche.

– Vous avez bien fait.

– Les feuilles sont plus belles que celles du magnolia.

Puis ce fut à Sara de parler :

– Dans quelques jours on me rendra Corbières, ses cendres. Vous viendrez l'enterrer avec nous ?

– Bien sûr, je viendrai.

– Je vous ferai connaître le jour exact.

Sur la mort de Corbières, elles ne firent aucun commentaire. « Elles l'ont déjà dépassée. Maintenant elles pensent à la sépulture. » Il ne demanda pas où serait celle-ci. « On verra bien. Cela ne regarde ni Corbières ni moi, au fond. N'importe où fera l'affaire. »

– L'arbre en souffrira ?

– Quel arbre ?

– Le néflier.

– S'il avait été mouillé, peut-être. Mais rassurez-vous, les arbres ne sont pas si fragiles.

Elles ne voulurent pas entrer dans la maison ni être raccompagnées en voiture à Vairara. Elles reprirent le chemin du rocher par lequel elles étaient venues. Elles étaient fines et élancées et, pourtant, la terre sous l'olivier semblait avoir perdu une immense présence.

Chapitre vingt-cinquième

Le soleil mourait en effleurant des falaises ombreuses. Il ne tournait plus sur la mer, il ne faisait plus jaillir, le soir, des éclats éblouissants sur les rochers et sur les vitres de Vairara. La nuit montait modestement avec quelques frémissements sur les pierres. Le jour déclinait sans allumer de feux. Mais quelques branches légèrement auréolées de ciel évoquaient, en s'éteignant, de longs silences.

– Si vous voulez, disait Daniele, je vous emmène à la recherche de la petite Kurde.

– Vous avez eu des nouvelles ?

– Nous irons un peu au hasard.

– Et où m'emmènerez-vous ?

– Sur la ligne droite d'Albenga.

– C'est une ligne droite comme toutes les autres, il y en a partout.

– Nous en avons déjà parlé, vous vous souvenez ? C'est là que sont les dames de la nuit : petites filles et femmes mûres, Brésiliennes, Africaines, Asiatiques, immigrées de l'Est et de l'Ouest.

– Comme dans tous les lieux du monde.

– En deux ou trois heures, on aura fait l'aller et retour.

– Ce n'est pas cela. C'est que ça me paraît inutile.

– Vous perdrez autant votre temps dans ce café, répliqua le jeune homme. Pourquoi y venez-vous ?

– L'hiver parce que chez moi l'ombre descend vite, dit Leonardo, et les soirs ici sont éblouissants.

– Et l'été ?

– Parce que l'horizon reste vaste. Et aussi pour autre chose, ajouta-t-il.

Il pensait que depuis quelque temps, quand il se couchait de bonne heure, il rêvait de vieux qui rabâchaient d'antiques proverbes sans queue ni tête. Il venait au café, même s'il éprouvait un peu d'appréhension chaque fois qu'il s'en approchait. L'hiver seulement, l'appréhension était compensée par la lumière.

Il proposa à Daniele de lui offrir à dîner.

– Vous ne montez pas chez Véronique ?

– Je n'y vais quand même pas tout le temps. Est-ce une nuit de passages ? Et depuis quelque temps je ne vois plus vos parents.

Daniele dit que sa mère avait voulu aller quelques jours en Istrie, dont elle était originaire. Son père l'avait accompagnée. Leonardo pensa que, si cela avait été dans son caractère de poser des questions, il aurait pu en apprendre long sur cette femme et sur ce médecin qui avait arrêté d'un coup d'exercer. Pendant qu'ils dînaient, un peu de poussière restait dans le ciel où, avant, brillait le feuillage. Les étoiles tardaient à pointer. C'était ainsi. L'hiver, tout était plus rapide et plus précis.

– On y va ? Vous verrez des choses que vous n'avez jamais vues.

Leonardo refusa de nouveau l'invitation.

– Vous ne vous intéressez qu'au monde qui tourne autour de Véronique. Si cette dame descendait en enfer, vous la suivriez.

– Aveuglément, si elle m'appelait.

– Vous ne vous vexerez pas si je vous dis ce que je pense ?

– Jamais dans une discussion de bistrot.

Alors le garçon dit qu'il y avait des femmes qui restaient ensorcelées par une nuit de lune, par une fleur, ou par un ciel étoilé. Sa mère aussi était de celles-là. Sauf que sa mère se concentrait dans une sorte d'extase de la bonté, d'un amour universel.

– Poursuivez, ne vous arrêtez pas.

– Véronique cherche quelqu'un à qui se donner.

– C'est possible, dit Leonardo.

« Elle oublie, pensait-il, et elle se perd. Mais ensuite la mémoire revient et c'est un supplice. »

Ils sortirent du café. Peu d'étoiles et une lune brumeuse. Une étoile solitaire au nord-ouest, dans un voile de silence au-delà des montagnes. Les rochers au-dessus du sentier soupiraient dans l'air qui apportait des odeurs de plateaux.

– On marche ?

– La lune n'est pas encore pleine et elle est presque couverte.

– On y voit suffisamment.

Soudain un bruit, comme celui d'un chariot.

– Parions que les premiers qui passent sont des Kurdes et qu'ils vont vers la France.

– Ce n'est vraiment pas le genre de pari à faire, dit Leonardo, il vaut mieux nous éloigner.

Une escouade de grands échalas passa. Rapidement. Ils ne laissèrent pas le temps de les identifier. Ils allaient, dégingandés, dans la poussière.

– Peur ?

– Pas du tout. Ce sont eux qui ont peur. Et puis, je l'avoue, je suis armé.

– Je ne l'aurais jamais cru.

– Soyez tranquille, je ne tire pas sans jugement.

Le jeune homme cassa l'extrémité d'une branche du chêne vert à l'ombre duquel ils s'étaient cachés.

– Ce sont les individus comme vous qui risquent davantage. Il faudrait les désarmer.

Leonardo demanda si, par hasard, il faisait allusion à Corbières ; il demanda aussi s'il l'avait bien connu ; et le jeune homme dit que cet homme tout d'une pièce ne sympathisait pas avec lui, au contraire, et que, même s'il se montrait toujours correct, il le méprisait.

– Il est venu à Argela comme libérateur en 1945 et on dit qu'il a été très doux.

– J'ai du mal à le croire. Et quels étaient ses rapports avec Alain ?

– Il a été son commandant en Algérie. Ils se sont liés d'amitié. Le genre d'amitiés qui ne s'oublient jamais.

Ils parlaient dans les jeux des branches et de la lune, et Leonardo pensait que Corbières était venu chercher un lieu où mourir et s'était trouvé devant un monceau de problèmes : Alain en pleine dépression, une côte assassinée, un village presque détruit. La réalité qui avait émergé était tout à fait différente de celle à laquelle il s'attendait. Le mal progressait ; mais le voilier aux voiles de cendre tardait à prendre la mer. « Puis il a cru avoir trouvé à Nice une femme forte. Mais quel besoin en avait-il ? Où retourne-t-on ? »

– Allons-nous-en, dit le jeune homme, sortons de sous ce chêne.

– Pour aller où ?

– Mieux vaut encore revenir au café que rester ici.

Ils quittèrent le chêne vert par un sentier léché de clartés ténues. Les argiles alternaient avec les sables et les grès, même les cailloux changeaient de nature. « Dépôts successifs de la mer. Chacun son époque. »

Carla demanda où ils étaient allés.

– Vers la montagne aux myrtes.

– Ils passent ?

– Davantage, c'est impossible.

– Où cela nous mènera-t-il ?

– A notre disparition, dit Leonardo.

Tous ces passages rendaient plus évidente la précarité des choses.

– Vous n'avez pas d'enfants ? demanda la fille, qui avait pris un air apeuré.

– Il ne manquerait plus que ça !

– Je voudrais en faire, je dois en faire.

– Ce n'est vraiment pas nécessaire.

– Et comment nous immortaliserons-nous ? demanda Daniele.

– C'est un autre problème. Trop long. Ces roches, avant d'émerger de la mer, avaient déjà eu toute une autre vie.

Les rayons de la lune faisaient des arabesques sur le tronc du cerisier et au loin, sur la mer, rebondissaient légèrement sur le tracé d'une route silencieuse. Les phares du cap Ferrat et du cap d'Antibes s'évanouissaient dans la brume.

– Qu'est-ce que je vous sers ? C'est bientôt l'heure de fermer.

– Ce rouge qui fait penser à l'argile et aux amandiers.

Le vin de Sultano lui était revenu en mémoire. Mais ici c'était une autre musique : vin pour touristes, il venait des fabriques. Très frais, il était buvable.

On entendit un murmure, un pas ouaté.

Ils allèrent voir à la balustrade. L'homme marchait courbé, tassé dans une veste grise. Il se dirigeait en monologuant d'une voix bourdonnante vers le rocher gris perle.

– Ça doit être un Kurde, dit Daniele.

Leonardo l'appela :

– Luigi !

– Te mêle pas de mes affaires ! répondit l'homme, dents serrées.

Il poursuivit son chemin vers les bois, les à-pic lumineux, les oliviers en mal d'eau et de nourriture, veillés par les Maritimes. « A qui s'en prend-il, dans ce murmure éteint, dans ce grommellement ? Il tourne toujours dans ces nuits où la terre pourrit de l'intérieur et se pare de luxe comme une pomme de Sodome. »

Chapitre vingt-sixième

Il regarda Medoro qui arrivait. « S'il n'était pas blanchi et vieux il ressemblerait à l'un de ces personnages dégingandés que j'ai vus hier sur le petit col de la montagne aux myrtes. »

– Tu as passé une bonne nuit ?

– Très bonne, Medoro.

– Quels arbres faisons-nous ? On nettoie un peu au-dessus du sentier ?

Il y avait un point où le bois pénétrait dans les oliviers. Ronces et clématites y grimpaient dans les branches, et le lierre s'y agrippait de tous ses doigts verts.

– Est-ce qu'il n'y a pas des nids ?

– Tu ne vas pas en faire une histoire !

– Un peu de respect pour la vie.

– Faisons respirer les oliviers, dit Medoro.

Et il prit le pic et la serpe.

– Attends, je vais te chercher des gants.

– Mes mains ne craignent rien.

Ils montèrent par les terrasses. Des campanules apparaissaient çà et là au milieu des écheveaux de ronces qui retombaient des branches, et elles fusionnaient avec le ciel.

– Une journée incertaine, dit Leonardo, d'un bleu hors saison.

– Depuis quelque temps la saison s'est perdue. Autrefois les printemps étaient longs. Mes parents fermaient le moulin et partaient dans la montagne avec le mulet et l'alambic. La lavande fleurissait en abondance sur l'Aution et sur la Cima Marta. Maintenant une nuit de givre brûle tout, puis arrive une chaleur qui suffoque.

Ils travaillèrent deux heures puis mangèrent un morceau : casse-croûte classique (pain avec de l'huile et du vinaigre) des temps de pauvreté. Quelques gouttes de vinaigre donnaient du nerf à l'huile et en atténuaient le gras. Le soleil était désormais haut et on était mieux au frais.

– Aucune ombre n'est semblable à celle des oliviers.

– Elle coupe le soleil et l'air circule, c'est un éventail. En montagne j'ai vu les bêtes peiner. – Il regarda le muret, hocha la tête. – Il faudrait le refaire.

– Laissons-le s'en aller, dit Leonardo.

– Le mur tombe, je nettoie tout autour et puis nous verrons, dit Medoro.

Il arracha l'herbe et les broussailles, qui laissèrent à nu deux mottes de terre blanche. Elles tranchaient sur le brun.

– Quelqu'un a décollé la boue de ses souliers ici.

– Ce n'est pas de la terre de Beragna.

– Je la connais, cette terre : avec des veines de cendre dans le blanc. Quand elle est mouillée, elle est presque lilas.

– Essaye pour voir.

Il versa dessus de l'eau de la bouteille : la terre vira au violet, puis redevint blanche.

– Il pleuvait, quand on t'a tiré dessus ? C'est ici qu'ils s'étaient postés. Il n'existe qu'un seul endroit où l'on trouve cette terre.

– Moi aussi je le connais.

– Je ne voudrais pas me tromper : c'est sur le plat de la maison de Luigi.

– C'est bien ce que je pensais, dit Leonardo. Il n'avait pas plu, mais devant chez lui il y a toujours un bourbier. C'est une résurgence de l'eau du rocher.

Midi sonna au campanile d'Argela.

– Triste découverte.

– Tu n'y avais pas pensé ?

– Avec tant d'individus odieux ?

– Il l'a peut-être fait pour le compte d'un autre.

– Je crois comprendre. On ne peut vraiment aider personne. C'est un rappel à l'ordre.

– Explique-toi !

– Je l'ai offensé en croyant le soulager. Depuis quelque temps j'essayais de lui faire comprendre que j'étais au courant de son crime. Tu me connais, je le faisais pour son bien. Le plus beau, c'est que j'ai continué à insister après avoir reçu le coup de fusil. – Il sourit. – Il sera forcé de me tirer dessus de nouveau ?

– Va comprendre comment réagit un homme qui en est arrivé au point de tuer son père.

– Je ne voulais pas lui faire de reproches, mais le rassurer.

– Je n'en doute pas.

– Regarde un peu si nous trouvons une cartouche de seize. Il a un fusil de seize, c'est un calibre rare, tout le monde a du douze. Si nous la trouvons, je vais le voir avec la cartouche.

– Rappelle-toi les dix commandements des Alpes-Maritimes. « Ne te mêle pas des affaires de l'État et de la commune. De celui qui est plus que toi. De celui qui n'a rien. De celui qui est fou. » Je t'épargne les autres.

– Ce monde est malade, cette terre est pourrie. Je dois vraiment monter chez lui et lui parler.

– Ne fais pas ça. Contente-toi de savoir. Si tu t'aventures là-haut, tu ne seras pas plus avancé.

– Je finirai bien par lui faire comprendre.

– Oublie.

– Tu crois que c'est mon intérêt ?

– S'il se sent découvert ce sera pire. A moins que tu ne lui administres une bonne leçon, mais tu n'en es pas capable.

Une rose blanche reflétait le soir, elle se teintait doucement d'azur. Le rosier poussait sur le bord, sous la croix de bois à l'endroit où le chemin bifurquait : une branche allait vers le rocher de Beragna, au-dessus de la mer, l'autre montait à la chapelle de la crête. « Par chance, le rocher bloque le passage. On ne peut l'affronter que par mes oliviers, et encore à grand-peine. » Le passage était étroit sur le vieux tracé du chemin muletier, mais un énorme camion qui portait un scraper le parcourait. La rose tremblait, portant tout le poids du soir. « Perdus, les rosiers de nos chemins, les genévriers des tournants. »

Le village était presque vide, mais bruyant à cause d'une moto qui accélérait. A l'auberge il y avait quelques clients. Ce n'était plus la bande du dimanche avec le chanteur et son *Giglio della montagna.* Des habitués tristes. Télévision allumée.

– Qu'est-ce qu'on raconte à Beragna ?

– Dites-moi plutôt ce qu'on raconte à Argela.

– C'est toujours la même chanson. On a trouvé un nouveau mort sur la décharge.

– J'espère qu'elle est abusive, cette décharge.

– Tout le monde ferme les yeux. Nous l'avons vue grandir dans un petit bois au milieu des vignes.

– Comme ça le vin est parfumé, dit un autre.

– Et au moins on ne pourra pas dire que les étrangers ne nous apportent pas le progrès, dit un homme qui restait toujours muet.

« Mieux vaut m'en aller, pensa Leonardo. C'est un désastre total. » Il sortit et refit la route de chez lui. Passé les maisons, une chauve-souris zigzaguait dans l'air qui s'obscurcissait. A la croix la rose était à peine visible : elle blanchissait dans le soir.

Chapitre vingt-septième

Eugenio était revenu et avait commencé à peindre. Il ne travaillait pas aux oliviers, mais aux cactus qui poussaient sur un roc. Il y avait des lumières presque noires dans le fouillis des raquettes charnues.

– Mais ils sont trop pâles, ils ont perdu leur couleur glauque. Je reviendrai à la fin de septembre.

– Et où vas-tu ?

– Je ne sais pas encore. En montagne je n'arrive pas à travailler, il me faut quelque chose de plus intime.

– Tu ne supportes pas l'été ici ?

– Tout est brûlé, plein de poussière, la mer est un cloaque. On ne peut plus bouger, l'Aurelia est un boyau puant.

– Pourquoi n'essayes-tu pas dans ce village où nous sommes allés l'autre jour ?

– Là-haut l'air doit être pur et la lumière juste. Tu m'y accompagnes ? Si j'y trouve une petite maison j'y passerai l'été. A mon âge on souffre de la chaleur.

Ils partirent dans l'après-midi. Eugenio conduisait. Il avait des bras solides et, dans les montées, il prenait les virages d'un seul coup de volant. La silhouette bien découpée du village apparaissait et disparaissait. Parfois il semblait crénelé.

– Il a le ciel sur trois côtés, comme les cactus que je voulais peindre.

– Pourquoi n'y es-tu pas arrivé ?

– Trop de chaleur, lumière poudreuse ; et les tons se sont affaiblis par rapport à l'hiver. Le marron qu'ils ont à l'intérieur salit les nervures, les croisements de lumière que j'avais déjà cernés. Je réussirai peut-être à la fin de septembre.

– Je n'en doute pas. Je sais combien tu t'obstines.

– Pourtant j'ai encore une fois échoué avec les nus. Ils encombraient trop les yeux et l'air ne les dévorait pas. Je te les montrerai : on n'y sent pas circuler la lymphe et le sang.

– Qui posait ?

– Véronique et deux autres femmes. J'ai lutté inutilement.

Maintenant la route descendait vers un village posé sur une triade de crêtes. Puis elle remontait définitivement par une série de lacets jusqu'à une boucle finale. Sur le mur d'un sanctuaire était écrit : *Realto : altitude 815 mètres.* Caressé par les tiges les plus hautes d'un églantier.

Ils franchirent à pied le mur d'enceinte ruiné, marchèrent entre les maisons, églises et fortins échelonnés par les siècles, disloqués dans le cours du temps.

Dans un site d'une majesté déchue ils rencontrèrent un berger avec sept chèvres. Il les appelait à la bergerie en brandissant un bâton avec une dignité ecclésiale.

Ils lui demandèrent s'il y avait une maison à louer.

– Le temps de fermer la bergerie et nous irons boire un coup.

Ils passèrent entre des portails écroulés, des plaques d'ardoise avec des inscriptions anciennes : les trois lettres IHS et la rose à six pointes ou rose des bergers, signe distinctif des maîtres graveurs de Cenova.

– A quoi vous servira cette maison ?

– Elle lui servira pour y habiter et y peindre.

– Où avez-vous laissé votre voiture ?

– Dessous, devant une chapelle.

– C'est la madone de la Côte. Il y a un Luca Cambiaso.

Eugenio dit que c'était un remarquable peintre de nocturnes.

– Est-ce vrai qu'il est mort en Espagne ? demanda le berger.

– A Madrid.

– Ça devait être quelqu'un, dit l'homme, pour être allé mourir si loin. Moi mon cimetière est à quatre pas, je ne ferai jamais d'autre voyage. Même pas un tour en corbillard. Vous savez, les bêtes vous attachent.

Eugenio, qui n'avait pas d'ironie, dit qu'il suffisait de laisser les choses suivre leur cours, et que c'était le plus beau voyage. Il parla de nouveau d'une œuvre romane édifiée avec ce côté éternel et organique. C'était son obsession profonde.

Le berger possédait deux maisons, modestes de l'extérieur, mais belles à l'intérieur. L'une était juste ce qu'il fallait. Une grande pièce recevait la lumière du nord, lumière stable, parfaitement adaptée au travail dans la méditation.

Ils se mirent d'accord sur le prix. Le berger avait confiance et, en outre, il était fier d'avoir un peintre chez lui. Il sortit un vin un peu acide et du fromage qui sentait le thym. Sur les vitres de la crédence étaient gravés des chardons et des tournesols, têtes penchées.

Ils s'en allèrent comme venait la nuit. Des étoiles surgissaient de toute part : elles se posaient sur des pins, sur les rochers, elles flottaient sur le vide des vallées.

– Il est certain qu'ici, par rapport à la côte, c'est une tout autre vie.

– Les terres sur la mer, arides, sans paix, nous les laissions autrefois à ceux qui avaient été déshérités, en guise de part légale.

– Juste punition.

– Pourtant la mer dans les roseaux est fascinante, dans les tamaris.

– Ça t'ennuie si je m'arrête un peu pour regarder ?

– Après ça tu n'auras plus envie de partir.

Un résidu de coucher de soleil au ponant faisait un peu de bruit, de fête, sur les rochers. A l'orient un voile résineux se tendait.

– Si tu devais peindre, demanda Eugenio, où te fixerais-tu ?

– Là où il y a le plus de silence.

Il parut content de la réponse.

– Partons, dit-il.

Il remuait la tête, en conduisant, comme s'il accompagnait une musique intérieure.

– Tu as vu comme Véronique a changé ?

– Toi qui es resté longtemps absent, quelle impression t'a-t-elle faite ?

– Un regard plus avide, un masque plus dur, une sécheresse dans la voix.

– Je continue à y entendre une flûte légère. Et peut-être ne l'ai-je jamais réellement vue.

– Que veux-tu dire ?

– Elle n'a jamais été une chose parmi les choses.

Un renard traversa la route, la queue droite, le pelage fauve. Sur l'autre bord, il se retourna et regarda avec des yeux phosphorescents. Il devait sentir qu'il l'avait échappé belle. « Il avait un autre rendez-vous », se dit Leonardo. Puis, sans vraiment y penser, il laissa affleurer la petite Kurde. « Sa vie a été brève. » Il préférait la croire morte. Son passage fugace sur les terres entourant le rocher avait suffi pour les imprégner de sa disparition, elle les avait marquées du cadre noir d'un deuil incertain pour lui donner, à lui, l'idée de l'impuissance. « Où que tu sois, que quelque chose te soit doux. »

Quand ils arrivèrent à Vairara, le café était encore éclairé.

– Si nous y faisions un saut ?

Ils étaient tous là : Alain, Véronique, Astra, De Ferri, Mire.

– C'est soir de passages, un soir intéressant.

– Qu'est-ce qui t'attire ici, Mire ?

– Tout ce qui s'y passe. Ils devront me rendre des comptes, cette nuit. Je les verrai en face, je les identifierai.

– Qui ?

– Les assassins.

Véronique demanda d'où ils venaient à cette heure. Dans sa robe bleu nuit, ses jambes, ses épaules dégageaient une tendre chaleur marmoréenne.

– Nous venons, dit Leonardo, d'un village de montagne.

Elle accueillit ces mots avec un sourire.

– J'y serais allée avec vous. Si vous n'étiez pas fatigués, s'il n'était pas tard je vous proposerais d'aller quelque part, de nous soustraire à cette atmosphère.

– Ici ou ailleurs ça ne change rien. C'est tout un monde édifié sur des ruines et sur des crimes.

– Dans une situation plus ou moins analogue, dit Alain, Clemenceau a nettoyé la France en quelques mois. Il y a certaines choses qui sont incompatibles avec les vertus républicaines.

Maintenant ils se dirigeaient vers la maison d'Astra. Véronique et Leonardo se tenaient l'un contre l'autre, là où le sentier le permettait.

– Il t'est resté un peu de confiance dans ta bonne étoile ?

– Naturellement, il m'en reste ; mais c'est peut-être parce que je ne vois pas bien.

– Que veux-tu dire ? demanda-t-elle.

– Je ne vois pas la vérité du monde qui naît.

Rochers, pierres et terrasses montaient en escalier au-dessus de la mer. Combien de temps encore, déjà à demi détruits, feraient-ils écran à l'aridité de demain ? « D'où vient le piège ? se demandait-il. Non, certainement pas de ces peuples de la faim qui marchent dans la nuit. »

Ils entrèrent dans la maison et Astra ouvrit les fenêtres. Un buisson de jasmins répandit son odeur. Carla respira profondément.

– Il sent l'Andalousie, dit-elle.

– Quand y êtes-vous allée ? demanda Eugenio.

– J'y vais de temps en temps, dit-elle.

– Moi aussi. Au retour, je m'arrête à Moissac, où les statues se contorsionnent dans l'aube.

« Ce sont des choses qu'il m'a déjà dites, pensait Leonardo. L'art roman primitif, la feuille de vigne sculptée, la grappe de raisin, les statues qui font la danse de la vie, la vie des formes. Je les ai entendues si souvent que je les sais par cœur. C'est un obstiné. Maintenant il s'est ensablé sur ces buissons impossibles, sur ces cactus. »

Alain demanda si là-bas aussi les côtes étaient détruites.

– Où, là-bas ?

– En Espagne.

– Ah ! Parce que Moissac, c'est autre chose, dit le peintre. Les côtes, je ne les regarde pas. Je les évite. Que croyez-vous que soit la Méditerranée : seule m'intéresse sa lumière, et non ce qu'elle révèle là où elle se brise.

– Juste ! dit Alain. Si ici tout est démoli, ailleurs tout est ensanglanté. J'en ai fait l'expérience.

Leonardo se demanda pourquoi le peintre séparait les choses de la lumière. Considérait-il qu'elles étaient déjà mortes ? « Il vaut mieux que je me taise, je n'y vois pas clair. » Puis il pensa qu'Eugenio cherchait peut-être un refuge au-delà de l'ombre, ou bien qu'il s'était engagé sur un chemin avare.

Il y eut un silence d'où émergeait la musique des grillons dans les buissons.

– Debout ! dit Mire. C'est nuit de passages. Allons voir la poussière qui marche.

Personne ne l'écouta. « Il ne manquait plus que ça, pensa Leonardo. Après la mer des morts, la poussière qui marche ou qui entre dans le sommeil. » Véronique restait immobile, pour ne pas réveiller Carla qui somnolait sur son épaule.

Chapitre vingt-huitième

Journée lumineuse à mesure qu'ils s'éloignaient de la mer ; ciel couleur gentiane au-dessus des montagnes. En haut le vent avait vaincu. Le petit sac de toile noire était posé à l'arrière, sur la banquette entre Alain et Sara. « Nous t'accompagnons, ami, par une belle journée », pensait Leonardo. Il était assis à côté de Véronique et conduisait. De temps en temps il la regardait : profil dur, et dehors l'azur. « Grave-le dans ta mémoire. » La route montait sans fin. Harmonie floue de buissons et d'arbustes sur les plateaux arides. En haut de chaque côté, dans les échappées des tournants, la mer réapparaissait ; un peu de brume la troublait encore.

« Quatre pénitents d'occasion sur le chemin du cimetière », pensait-il. Ils étaient sur la route Napoléon. Au col de la Faye la mer les salua pour la dernière fois. « Ultime signal d'un azur froid. » Là-bas s'estompaient les deux îles et les massifs de l'Estérel et des Maures. Maintenant la route traversait un haut plateau presque désert, dominé par les montagnes.

– La première à gauche, dit Sara, qui examinait la carte.

– Mais quel endroit a choisi cet homme ! dit Alain.

– C'est écrit sur le billet qu'il a laissé, dit Sara. – Et elle poursuivit en lisant : – « Répandez mes cendres, je vous prie, à Bargême, sous la montagne du Brouis... » Si je pouvais avoir un lieu comme celui-là pour mon mari.

Elle dit bien « mon mari », comme si leur union charnelle

n'avait jamais été rompue. Le ciel nocturne l'unissait encore à la lointaine Jordanie.

Le village était minuscule, sur un escarpement qui avait une aile de roche blanche et les ruines d'un château entre deux tours. « Pourquoi l'a-t-il choisi ? Pour ces deux tours rondes qui donnent l'idée de longue durée ? » Le cimetière se trouvait derrière l'église presque cachée par l'aile rocheuse. On ne voyait personne. Le village semblait inhabité, mais quelques fenêtres étaient fleuries.

– Que faisons-nous ?

Leonardo regardait autour de lui. Seuls deux amandiers entre les pierres, les racines presque à découvert. Pas un buisson touffu à l'ombre duquel répandre les cendres. Un soleil sans pitié sur la terre qui miroitait.

– Faisons un petit trou dans le cimetière, dit Sara.

Elle alla à la voiture et revint avec une petite pioche de jardinage.

Il y avait un coin avec un prunier chétif et trois ou quatre filets d'ombre. Leonardo creusa un petit carré. Sara et Véronique ouvrirent le sac, et les cendres furent pour un instant dans la main lumineuse du ciel avant de se répandre dans le trou. Ils jetèrent quelques poignées de terre. Leonardo enlevait les pierres, les posait sur le bord. Puis il pensa que le mieux était d'en couvrir toute la terre remuée.

Ils sortirent du cimetière gênés comme des voleurs. L'air bourdonnait sur le muret. Dans le village des taches de soleil, et les ombres courtes des maisons basses.

– Il n'y aurait pas un café dans ce bled ? dit Alain. J'ai une de ces soifs.

– C'en est peut-être un, ici, dit Véronique. – Et elle s'approcha d'une fenêtre pour regarder à l'intérieur. – Non, je me suis trompée.

Une femme sortit et les apostropha, en colère :

– Vous cherchez quelqu'un, qui cherchez-vous ?

Ils prirent une autre route pour revenir. Ils passèrent par le camp militaire de Canjuers : haut plateau doré et gris, avec au milieu un village abandonné et protégé par des barbelés. Puis la route descendait sur Bargemon, ourlée de genévriers. Ils s'arrêtèrent sur une place entourée de vieilles ruelles. En son centre se dressait, à l'ombre des micocouliers, une fontaine pyramidale envahie par la mousse. Un chien de chasse dormait sur un banc.

– Qu'en dites-vous, on attend l'heure du dîner ici ?

Ils parcoururent les ruelles. Il y avait des mimosas, des escaliers extérieurs, des lauriers, des roses grimpantes, et une bonne odeur de four à bois. Ils choisirent un restaurant avec terrasse. La nuit ne venait pas. Leonardo était repris par ses pensées habituelles. « Il n'y a que chez moi, derrière le rocher, que l'ombre descend d'un coup. » Le bord du plateau continuait à flamboyer, on eût dit une grande flèche. Ou bien était-ce un village fortifié ? Et tout près, sur les falaises, l'obscurité peinait à recouvrir les genêts qui ne voulaient pas s'éteindre.

– Nous avons fait notre devoir, dit Sara. Si mon mari nous voit, il est content. Dans les dernières années, ils étaient devenus amis.

– Pour qui travaillait Corbières ? demanda Leonardo.

Question inconsidérée à quoi personne ne répondit. « J'ai dérogé, pensa-t-il, à mon principe de ne jamais poser de questions. »

Et après un temps Sara dit que son mari avait connu la prison en Tchécoslovaquie, qu'il avait cru à trop de choses, en une justice immanente, puis qu'il était entré dans un réseau sioniste. Et qu'avec ce nouveau rêve il n'avait pas duré longtemps. Il s'en était bien tiré au Liban, mais il avait disparu en Jordanie.

Avec la nuit descendit un voile de fraîcheur. Les deux femmes allèrent à la voiture et revinrent avec un pull-over et un châle. Jusqu'alors elles étaient restées épaules nues, exposées au soleil sur le versant escarpé de la montagne.

– Si vous voulez on peut aller à l'intérieur.

– C'est tellement beau dehors, dit Véronique.

Et elle porta la main à son écharpe, la serra.

Sara dit qu'elle préférait, elle aussi, rester à l'air libre.

– Je ne sais ce que vous en pensez, dit-elle encore. Il n'y a que le calme des villages pour protéger des délires.

– Pour un temps encore.

– C'est déjà fini, dit Leonardo. – Il réfléchit un peu : – Cela n'a jamais été.

Il pensait à Argela, à Vairara, aux pas, aux hurlements nocturnes, à ceux qui disparaissaient. Mais aussi à avant, même avant. La vie, sortie de l'abîme, retombait dans l'abîme.

Ils allèrent à la voiture. La fraîcheur avait nettoyé l'air ; dans la transparence les étoiles sur le bord crêpelé du plateau.

Les femmes s'étaient installées à l'arrière pour dormir. Mais elles parlaient comme dans le sommeil, elles parlaient doucement. Sur la route, des oiseaux de nuit silencieux se levaient devant les phares. En conduisant il revit les femmes sur le plateau au-dessus des falaises. Leurs chairs resplendissaient. Profils sévères sous les mèches serrées, elles couvaient des yeux les cendres, l'une agenouillée et l'autre tassée sur elle-même : cendres et corps vibraient sous le soleil.

RÉALISATION : PAO ÉDITIONS DU SEUIL
REPRODUIT ET ACHEVÉ D'IMPRIMER SUR ROTO-PAGE
PAR L'IMPRIMERIE FLOCH À MAYENNE
DÉPÔT LÉGAL : SEPTEMBRE 1999. N° 35010 (46642)